U0464236

深圳产业结构演化

与发展研究

陈少兵◎著

中国社会科学出版社

图书在版编目（CIP）数据

深圳产业结构演化与发展研究／陈少兵著 . —北京：中国社会科学出版社，
2016. 12
ISBN 978-7-5161-9388-4

Ⅰ. ①深… Ⅱ. ①陈… Ⅲ. ①区域产业结构—研究—深圳 Ⅳ. ①F127.653

中国版本图书馆 CIP 数据核字（2016）第 290000 号

出 版 人	赵剑英	
责任编辑	王 茵 马 明	
责任校对	胡新芳	
责任印制	王 超	

出 版	中国社会科学出版社	
社 址	北京鼓楼西大街甲 158 号	
邮 编	100720	
网 址	http://www.csspw.cn	
发 行 部	010-84083685	
门 市 部	010-84029450	
经 销	新华书店及其他书店	

印 刷	北京明恒达印务有限公司
装 订	廊坊市广阳区广增装订厂
版 次	2016 年 12 月第 1 版
印 次	2016 年 12 月第 1 次印刷

开 本	710×1000 1/16
印 张	13
插 页	2
字 数	201 千字
定 价	49.00 元

凡购买中国社会科学出版社图书,如有质量问题请与本社营销中心联系调换
电话:010-84083683
版权所有 侵权必究

前　　言

　　产业转型升级是生产方式和产业结构等发生显著变动的过程。从世界各国产业结构调整的历史经验看，经济增长必然引起产业结构变化，主要有三个方面的原因：一是经济增长过程中人均 GDP 不断提高，人们的消费从满足基本需要向较高层次转化，消费结构的变化必然引起产业结构的变化；二是各国的增长处在不同历史阶段，它们的产业水平差别很大，为了在国际分工和竞争中取得有利地位，各国进出口结构变化促进了国内产业结构的变动；三是技术创新引起结构变化。

　　目前产业结构调整的内涵已有了很大变化。主要表现在三个方面：一是调整的对象已从产业间的比例调整转向深层次的产业结构的调整。以前主要是第一、二、三产业之间在比例上进行调整，现在的产业调整已是品牌、质量、价格、成本、销售手段之间的调整和竞争，这种深层次的调整最终促进产业升级；二是调整的措施从主要依靠政府的政策行为转为主要依靠企业的策略行为；三是调整的目标已从补缺平衡转向提高产业的整体国际竞争力。

　　从 21 世纪以来全球产业转型升级的进程看，呈现出全球化、知识化、服务化、生态化（绿色化）和智能化五个基本趋势。无论是经济发达的美国、日本，经济快速成长的韩国、新加坡和我国香港地区，还是发展势头正盛的印度，其产业转型或多或少、或整体或局部，都反映了以上转型趋势。世界金融危机确实产生了深远的影响，但上述五个产业发展趋势不但不会发生根本性改变，而且已然发展成为影响未来产业发展的最重要因素。符合这五个趋势就会赶上世界未来的产业发展潮流，在未来的竞争中占据主导地位，反之就会处在落后、被动的境地。

　　深圳是一个特殊的地方，其产业发展也同样与众不同。十一届三中全会开启的中国改革开放历史新时期，是一场前所未有的伟大转折，深圳的成长恰恰与这个伟大时代的经济发展脉络相同步、共发展。深圳挺立在改革开放和社会主义现代化建设的潮头，创造了罕见的工业化、城市化和现代化发展奇迹，深圳的产业升级过程就是这种发展奇迹的具体体现之一。

当然，任何一个地区的产业都不会自然而然升级，都需要根据现有产业的状况和自身具备的特点，通过各种途径推进产业的转型升级。深圳这样高速发展的城市，其产业转型升级过程中遇到的问题多、难度大、跳跃度也大。深圳产业转型升级是全球工业产业体系的有机组成部分，纵观全球产业转型升级的历史可以发现，发达国家或地区通过严格限制高科技流出、加大产业技术壁垒、向外转移低级产业和挖掘他国人才等手段，力图保持和强化自身的技术优势、速度优势、人才优势以及对信息与技术发展的调控能力，实现由发达的"头脑"国家支配众多"躯干"国家的目的，拉大与发展中国家的差距。在一直就存在明显技术代差的情况下，深圳抓住了机会、看准了路径、选择了适合自己特点的模式，在不断的竞争中成功实现了自身产业的转型升级。

本书把深圳产业转型升级的发展演变，放在生产方式演变和产业发展转型的全球经纬中予以审视和定位。事实上，由于深圳经济发展的特殊性，深圳的产业结构升级、转换具有明显的突变性，不像其他经济体是一个线性过程。因此，本书以分析深圳产业转型升级的历史与现状、优势与劣势、机遇与挑战为基础，探讨深圳产业转型升级的基本规律，对深圳产业转型过程及效果提出自己的见解与评价，总结出深圳产业升级的主要特点，尤其是充分展示了与"亚洲四小龙"相比较体现出的新特点。

本书对深圳产业结构存在的问题做了深入探讨。很多人认为深圳产业发展不存在结构性问题，这种观点也确实有理论和实践依据作为支撑。但我认为这种观点不够全面，因为每个经济体在不同的发展阶段，都存在自身特有的结构性问题，而且结构性问题往往因为经济发展比较好而被掩盖，因而总是被人忽视，但一旦结构性问题暴露出来，往往都是危机发生之后。深圳经济高速发展，产业高速转型升级，成功地跨入后工业化阶段，这样的成功除了让人振奋外，也容易让人看不到存在的结构性问题。另外，深圳跨越式的产业升级目前没有留下明显的后遗症，这是一个奇迹，也是一个"运气"，深圳产业跨越式升级时隐藏的结构性问题用改革的方法、发展的方法解决了，所以没有显现出来，但并不表示当时没有结构性问题，也不表示目前隐藏的结构性问题未来不会显现出来。

本书吸取了前人的诸多研究成果，也提出了自己对深圳产业转型升级的一些看法。作为学术研究，本书观点鲜明，研究结论与数据很匹配。至于提出的看法是否正确、对发展规律的把握是否准确、对存在问题的分析是否到位、提出的建议是否切合实际，这都需要广大读者特别是学界同仁给以评判。本书共有七章。第一章对选题做了说明；第二章介绍了产业转型升级的相关理论，提出了自己对产业转型升级的看法；第三章是产业结构升级国际（地区）比较，分析了第二次世界大战之后日本的产业升级与转型，重点研究了"亚洲四小龙"的产业升级与转型，对比了"亚洲四小龙"产业转型与升级的特点，对它们存在的问题进行了反思；第四章研究了深圳产业升级的基本过程，分析了深圳产业升级的路径、标志与演进过程以及产业升级过程中存在的缺陷；第五章是深圳推动产业转型升级的政策建构和主要做法，包括深圳推动产业转型升级的政策建构和举措、产业升级中主导产业的培育和发展平台建设，鉴于深圳产业转型升级过程中高新技术产业发展和加工贸易产业发挥的独特作用，重点研究了这两个产业的发展过程、规律、特点，揭示它们在深圳产业转型升级中的牵引作用；第六章是深圳推动产业结构转型升级的总体效果评价，对比分析了深圳特区和我国香港地区以及新加坡在产业转型升级方面的不同特点以及导致产生差异的原因，分析了深圳产业结构转型升级的实效、主要特点和存在问题；第七章是对深圳产业进一步转型升级的几点思考。

目 录

第一章

绪　论

第一节　问题的提出和选题的意义

深圳经济特区 1979 年成立以来，经历了近 40 年的高速发展，取得了举世瞩目的巨大成就。我们可以把这近 40 年的高速发展分为三个阶段：第一个阶段是 1980—1990 年，深圳 GDP 年均增长速度为 35%；第二阶段是 1990—2000 年，GDP 年均增长速度达到 20%；第三阶段是 2000 年至今，深圳的 GDP 年均增长率依然保持在 10% 上下。从深圳经济增长速度来分析深圳经济的发展态势可以发现，1979 年至 1989 年的 10 年间，由于资金大量涌入，并且 GDP 基数较小，各年的经济超高速增长，大多数年份的增长率超过 40%，但这一阶段的经济增长表现出一定的振荡性，这既与国家宏观经济政策有关，又与投资增长的不稳定性有关，表明深圳经济发展在当时仍然很不成熟，未能从中央政府高度集中的投资分配的"空投式—镶嵌型"发展，转化到依靠城市经济系统的自增长能力（资金自我积累）和投资环境吸引力（吸引外部投资）的阶段。1990—1995 年是深圳经济发展的一个标志性阶段，这几年 GDP 年增长率相对稳定于 30%—40%，表明深圳经济系统发展机制进一步完善，加上国内国际发展环境有利，深圳经济继续保持超高速发展势头。

1995 年后的深圳经济呈现出新的发展态势，年经济增长率下降到 20% 以下，随着我国经济的"软着陆"，经济过热的势头受到宏观调控抑制，深圳的经济增长速度有所回落，但在亚洲金融危机爆发之前，经济环境仍然较好，1995、1996 两年的 GDP 增长率分别为 19.4% 和 18.9%。亚洲金融危机爆发后，外向型经济占主导的深圳经济面临前所未有的困难，深圳市委、市政府在经济工作上做了大量卓有成效的工作，经济素质进一步提高，1997—2001 年 GDP 增长速度保持在 13%—14%。

2000—2008 年，尽管经济总量比较大，但是深圳经济的年增长速度仍然达到 15%左右。经济的快速发展，也给深圳带来了一系列问题，最主要的问题是资源的过度消耗。2000 年后，深圳经济社会发展面临土地资源紧缺等瓶颈，特别是特区内土地资源日趋紧张，几乎到了无地可用的地步，而特区外虽然还有一定的土地资源可用，但是特区内外的二元结构非常明显，特区外的基础设施严重不足。

按照深圳市 30 多年前的发展规划，深圳仅是建设成为一个中等城市，但深圳的经济社会发展远远超出了人们的规划。深圳在一个人口较少、自然资源极其匮乏的边境小镇，创造出了人类发展史上工业化、城市化和现代化的奇迹，崛起成为一个全球瞩目的现代化国际大都市。在中国改革开放初期，深圳经济特区承担了探索市场经济的任务，国家为此给包括深圳在内的经济特区提供了一系列独特的优惠政策，因此深圳相对国内其他地区在制度、资本、劳动力乃至土地开发等方面都有天然的优势。之后随着中国经济向世界全面开放，尤其是中国加入世界贸易组织后，这种政策优势基本上荡然无存。面对发展的新形势、新阶段，2005 年深圳提出在受到土地空间限制、能源和水资源短缺、人口膨胀压力、环境承载力等"四个难以为继"的瓶颈性制约下，为了保持经济持续较快发展，深圳急需转变经济发展方式以突破增长极限。深圳国土总面积为 1952.84 平方公里，其中接近 50%的土地面积是保护性用地，不允许开发，可建设用地仅有 931 平方公里，目前深圳可开发用地所剩无几，按照传统的土地开发方式，深圳很快就会面临无地可用的局面。深圳的能源和水资源也很短缺，是全国七大严重缺水城市之一，人均水资源占有量已经下降到 20 年前的 1/18。深圳的环境容量也已严重透支，据深圳大学中国经济特区研究中心 2009 年进行的调查，深圳特区多条河流污染严重，阴霾天气超过一年时间的 1/3，成品油等原材料价值高位运行，电力供应紧张，房地产价值涨幅较快，对深圳企业生产、市场供应和产业结构调整有较大影响。另外，改革开放 30 多年来，中国内地廉价而丰富的劳动力不断涌入这个改革开放的前沿阵地，使得深圳人口以惊人的速度膨胀，带来了制造业和加工业的繁荣局面，但人口的急剧膨胀也开始阻碍深圳特区的结构调整和产业升级。此外，深圳的产业层次依然存在不少问题，在全球分工的产业链条上深圳仍处于较为低端的位置。高新技术产业目前已经成为深圳第一支柱产业，但现阶段还存在具有自主知识产权的产品比重偏低、增加值率偏低、对地方财税贡献偏低等突出问题。从高新技术产业内部结构看，IT 产业一家独大，新材料、新能源和生物医药等其他高新技术产业相对薄弱，工业企业的同质性和高度外向性非常明显，受国际市场变化的影响非常大。

深圳的产业发展史就是一部顺应经济发展规律、融入全球产业分工体系、不断进行产业转型升级的历史。从 20 世纪 80 年代大力发展"三来一补"加工业开始起步，到 90 年代着力打造以电子信息产业为龙头的高新技术产业，再到 21 世纪前十年初步构建起以高新技术产业、金融业、物流业、文化产业为支柱的现代产业体系，产业转型升级为深圳经济的蓬勃发展提供了强有力的支撑，创造了世界工业化、城市化和现代化发展史上的奇迹。

当前，全球经济正处在大变革大调整之中。金融危机的肆虐，使全球经济增速放缓，原有发展模式面临挑战，科技领域孕育着重大突破，产业竞争日趋激烈、升级步伐不断加快，对我国经济结构调整形成了巨大压力和倒逼机制，同时也提供了新的发展机遇。

在新的历史时期，中央明确了深圳"一区四市"的战略定位，赋予深圳"继续当好推动科学发展、促进社会和谐的排头兵"的历史使命。深圳作为国内率先发展地区，也较早地遇到了发展的瓶颈，各种矛盾问题交织汇集，资源环境压力日益凸显，适应经济发展新常态的体制机制有待进一步完善。加快产业转型升级，着力构建以"高、新、软、优"为特征的现代产业体系，进一步增强产业核心竞争力，是突破发展瓶颈、拓展产业空间的必然选择，也是提升经济发展的质量和效益、创造"深圳质量"的迫切要求，是加快转变经济发展方式、建设现代化国际化创新型城市的重要任务。因此，推进产业升级与结构调整，已成为深圳市破解发展难题、转换发展方式、实现可持续发展的必然选择。

第二节 研究的基本逻辑、思路和主要创新观点

本书的基本逻辑是先理论后实践。首先将有关产业结构与产业升级的理论进行简要综述，提炼出能解释深圳产业结构的理论作为分析的逻辑起点，在理论研究的基础上，用历史归纳的方法分析深圳产业结构演变过程和产业结构转型升级的路径与政策，最后研究了深圳未来产业结构的发展趋势。本书的主要内容由七章构成，第一章绪论，第二章产业转型升级的相关理论，第三章产业结构升级国际（地区）比较，第四章深圳产业升级的基本过程，第五章深圳推动产业转型升级的政策建构和主要做法，第六章深圳推动产业转型升级的效果评价，第七章深圳产业进一步转型升级的几点思考。

本书对深圳产业结构进行的探讨与研究，在前人研究的基础上，有了一些新的发现和见解，主要的创新观点是：（1）深圳产业结构的升级具有突变性，是一个产业高速发展、高速升级、持续转型的典型样本，深圳产业结构演化是一个动态的过程，这个过程呈现明显的阶段性特点。产业结构的升级和转型分为三个阶段：第一阶段，产业发展的初级阶段，由完全的加工型产业为支柱，由低级加工向高级加工转型。第二阶段，由加工型向技术加工型转变，加工产品的技术水平和产业层次有所提升，产业技术主要来源于引进和消化先进技术。第三阶段，技术创新阶段，生产要素发生明显的转变，经济增长由劳动驱动、仿制驱动转变为以技术创新驱动为主，生产结构明显改变，三次产业结构中服务业上升，在生产领域高新技术占有重要的地位。深圳产业结构的升级具有突变性，突破了一般产业结构发展的规律。（2）产业升级与转型是市场选择的结果，由企业家精神和企业的前瞻性所决定，政府在产业升级中的作用仅是事后的推动。制度变迁过程中，企业家、市场、政府、非政府组织四者之间博弈、磨合，推动了产业升级的制度生成，民营企业的制度创新是一种包容性制度创新。（3）集群化发展带动产业整体升级。深圳产业升级的一个主要途径是集群化发展，这与国内和国际上通行的产业升级途径有一定的差距，这也是深圳产业发展的特色，与我国香港地区、新加坡形成鲜明对照。（4）产业升级与全球产业转移和

深圳自身的城市国际化同步发展。以往研究深圳产业结构升级转型的论文基本都是从产业到产业讨论,并没有考虑产业升级与一座城市本身发展的关联性,深圳产业升级与深圳城市发展紧密联系在一起。随着深圳产业结构的转型,深圳城市的定位也不断提升,由华南区经济中心到国际化城市建设,充分体现了深圳城市发展与产业升级的关系。

第三节 主要研究方法

本书的研究方法,总体上是以马克思主义的哲学和政治经济学理论作为指导,在具体研究方法上选择了规范分析法与实证方法、历史归纳法、制度经济学的方法和计量经济学的方法。

在经济学的研究中,运用规范分析方法和实证分析方法是最广泛的,其他的具体方法也都是在这两种方法的基础上演变而成。规范分析法是研究经济运行"应该是什么"的研究方法,这种方法主要依据一定的价值判断和社会目标,来探讨达到这种价值判断和社会目标的步骤。实证分析方法侧重研究经济体系如何运行,分析经济活动的过程、后果及向什么方向发展,而不考虑运行的结果是否可取。实证分析法在一定的假定及考虑有关经济变量之间因果关系的前提下,描述、解释或说明已观察到的事实,对有关现象将会出现的情况做出预测,客观事实是检验由实证分析法得出结论的标准。规范分析方法和实证分析方法各有不同的侧重,但是两者并不是绝对分离,两方法之意也有相同之处。"规范经济及经济学的技术也不可是能独立于实证经济学,任何政策结论都不可避免地要基于对采取某一种而不是另外行动将产生的影响所作的预测,而预测则必须明确或不明确地基于实证经济。当然,在政策结论与实证经济学结论之间并不是一一对应的关系,如果有的话,那么则不必另外再创立一门规范经济学了。"[1] 费里德曼这一段话,非常清晰地说明了规范与实证的联系与区别。

历史归纳法是指从一系列同类的个别史实中概括出一般性知识和结论的研究方法,是历史研究中最普遍、最常用的方法之一,也是19世

---

[1] 《费里德曼文粹》,高榕等译,北京经济学院出版社1991年版,第193页。

纪 40 年代德国资产阶级庸俗政治经济学的主要流派——历史学派对社会经济的研究方法。由历史学派的创始人威廉·罗雪尔（1817—1894）在其代表作《历史方法的国家经济学纲要》中提出。他主张政治经济学不应当限于研究当代的经济制度，而必须收集大量的"历史资料"，特别是各个国家古代的历史材料。"处理社会演变问题比处理一致性问题更困难，因为演绎法对回答问题作用较小。为了理解有些事情如何发生和为什么会发生，我们应该观察事实，这也就是说我们应该把归纳法应用于历史资料。"① 本书利用历史归纳法主要是从历史发展的视角考察深圳产业结构的演变。

　　制度经济学的方法，本书主要是利用新制度经济学的方法讨论深圳的产业结构问题。新制度经济学起源于科斯在对企业详细考察之后于 1937 年写的《企业的性质》一文，并由阿尔钦、张五常和德姆塞茨几人发展。制度经济学本身便是从实证的角度出发以对新古典做出修补，它本身并没有一个完整的逻辑体系，对于制度经济学的研究只能从具体的案例出发，详细深入去考察，一步一步从现有的理论去推导，之后再用实例去检验理论，这才是严谨的研究方法。

　　计量经济学的方法是指依据数理经济学理论，运用数理统计学工具，对实际经济数据进行分析、研究与推理的理论和方法。它是统计学、经济理论和数学的结合。法国数学家古诺（A. A. Coumot）于 1838 年出版的《财富理论的数学原理》是最早将微积分工具运用于经济学研究的名著。虽然数量经济分析已经有三个世纪之久，但计量经济学作为一个被承认的经济学分支是 20 世纪 30 年代的事。

---

　　① ［英］W. 阿瑟·刘易斯：《经济增长理论》，梁小民译，上海三联书店、上海人民出版社 1994 年版，第 9 页。

第二章

产业转型升级的相关理论

第一节 产业结构升级的有关概念

一 产业的概念

人类社会有史以来共经历了三次社会大分工。第一次是在原始公社的新石器时代，畜牧业从农业中分离出来；第二次是在原始公社末期奴隶社会初期，手工业从农业中分离出来；第三次是在奴隶社会末期，商业从农业手工业中分离出来。经过三次社会大分工，形成了农业、畜牧业、手工业和商业等产业部门。到了资本主义社会，在三次大分工的基础上，工业从手工业部门独立出来，成为一个大产业。产业结构理论的思想渊源是英国古典政治经济学创始人配第①，他提出社会不断分工的结果导致出现了产业细分的现象。现代产业作为一个概念，介于宏观经济与微观经济之间，是属于中观经济的范畴。它既是国民经济的组成部分，又是同类企业的集合。产业作为一个经济单位，并不是孤立存在的。产业和产业之间存在着极其复杂的直接和间接的经济联系，形成自变与因变之间的函数运动，使全部产业成为一个有机的系统，一个产业的存在，成为其他产业出现和发展的条件，一个产业内部结构的变化会直接或间接引起其他产业的变化。

二 产业结构的概念及其分类

"结构"一词的含义是指某个整体的各个组成部分的搭配和排列状

---

① 参见汪斌《国际区域产业结构分析导论》，上海三联书店、上海人民出版社 2001 年版，第6—43 页。

态，它较早地被应用于自然科学中。在经济领域，产业结构这个概念始于 20 世纪 40 年代，首先是对产业进行宏观分类。费希尔、克拉克提出三次产业分类方法，研究三次产业之间相关变动的内在关联性。库兹涅茨利用三次产业分类方法，研究一个国家（地区）经济增长和结构转变的条件与结果。另外，德国经济学家霍夫曼，利用这一方法研究了工业化进程中消费资料产业与资本资料产业之间的联系。此外，也有从生产要素和产业生命周期对产业结构进行分类的。

产业结构分类有很多角度，对于产业结构的理解也有很多不同的观点。贝恩 1959 年出版了《产业组织》一书，他提出产业结构是产业内企业间的关系①；1966 年他又出版了另外一本学术著作《产业结构的国际比较》，进一步提出产业结构是指产业内部的企业结构。20 世纪 70 年代，日本学者把产业结构定义为产业间的关系结构。改革开放后，我国学者也开展了相关领域的研究，主要研究观点可以归纳如下：产业结构是指社会再生产过程中，国民经济各产业之间的生产技术经济联系和数量比例关系②；产业结构包括产业分工、关联结构和组织结构③；产业结构也可以从广义和狭义两个方面进行研究，广义的产业结构是指一定经济体系内产业组成结构、产业之间的关联、各产业与总体经济的联系和产业内部结构，而狭义的产业结构仅指一定经济体系内产业的组成结构、产业之间的联系、各产业与总体经济的联系④；等等。

可以说，国内外学者们的研究非常全面也便于理解，为笔者研究打下了坚实的理论基础。通过学习上述产业结构理论，本书拟从两个角度来思考产业结构。

一是从"质"的角度动态地揭示产业间技术经济联系与联系方式不断发生变化的趋势，揭示经济发展过程中国民经济各部门，起主导或支柱地位的产业部门不断替代的规律及其相应的"结构"效益，从而形成狭义的产业结构理论。

二是从"量"的角度静态地研究和分析一定时期内产业间联系与联

---

① Bain, J. S, 1959, *Industrial Organization*, New York, John Wiley, p. 12.
② 戴伯勋、沈宏达：《现代产业经济学》，经济管理出版社 2001 年版，第 250 页。
③ 石磊：《中国产业结构成因与转换》，复旦大学出版社 1996 年版，第 3 页。
④ 王俊豪等：《现代产业经济学》，浙江人民出版社 2007 年版，第 158 页。

系方式的技术经济数量比例关系，即产业间"投入"与"产出"的量的比例关系，从而形成产业关联理论。

三 产业升级与产业转移

产业由第一产业向第二产业转移，到达一定水平之后向第三产业转移，产业的生产要素结构沿着"劳动密集型—资本密集型—技术（知识）密集型"的路径发展，产业沿着低附加值产业向高附加值产业方向提升，产业从低度加工产业向高度加工产业演进。产业升级是产业高级化的概念，由低技术水平、低附加值状态向高技术水平、高附加值状态演变的过程，它不但包括产业产出总量的增长，而且包括产业结构的高级化。产业转移是产业受到外部冲击，由高成本地区向低成本地区转移的过程。

厄恩斯特（Ernst）将产业升级方式划分为五种类型：（1）产业间升级：在产业层级中从低附加值产业（如轻工业）向高附加值产业（重工业和高技术产业）的移动。（2）要素间升级：在生产要素层级中从"禀赋资产"（endowed assets）或"自然资本"（natural capital）（自然资源和非熟练劳动力）向"创造资产"（created assets）跃迁，即物质资本、人力资本和社会资本的移动。（3）需求升级：在消费层级中从必需品向便利品，然后是奢侈品移动。（4）功能升级：在价值链层级中，从销售、分配向最终的组装、测试、零部件制造、产品开发和系统整合移动。（5）链接上的升级：在前后链接的层级中，从有形的商品类生产投入到无形的、知识密集的支持性服务。这五种类型中的第一种属于产业间升级，后四种类型都属于产业内升级。[①]

四 从我国实际对产业升级内涵的再认识

改革开放以来，我国实现了经济社会发展的历史性跨越，产业结构迅速提升并初步实现了工业化，获得了"世界工厂"的美誉。但我们也要看到，"世界工厂"的美誉也是与大量耗用原材料、能源及初级劳

---

① 王砚峰：《中国进入重化工业时代？——论题的提出与有关讨论》（http://kyj. cass. cn/Article/710. html）。

动力，并大量进口发达国家知识产权、Know-How 以及大量牺牲环境及高昂的生态资源成本紧密相连的。我国制造业已经成为国民经济的主体，出口竞争力也大幅提高，但在国际分工中的价值获取非常低，在技术、品牌、营销、渠道等领域存在严重不足，"高投入、高消耗、高污染、低效益、低产出"的发展方式仍居主导地位。

因此，笔者认为，简单地跨行业结构调整，如从服装产业转变到电子产业，并不是真正的产业升级。法国、意大利等国的服装产业在品牌、设计、质量以及价值创造上领先全球，而我国沿海地区组装键盘、玩具等的电子行业，却并没有核心竞争力，也没有获得高额的回报。"中国出口之谜"问题的深入探究揭示出如下严峻的形势：尽管我国出口商品结构在高度化方面已达到发达国家水平，但实际上整个产业结构却仍处在落后地位。

上述形势已经足够影响我们关于"产业升级"就是产业结构调整的一贯认识，但却仍没有引起足够的重视。有学者指出"中国经济片面重型化有危险，中国的经济发展不应依靠高投入，而应主要依靠效率的提高"。[1][2] 因此，面对我国产业结构的现实，从学界到产业界尤其是政府部门，都应该认清我国产业结构的客观实际，正确认识和理解产业升级，对"产业升级"的内涵需要统一认识，即"提高国际分工中的价值获取"，而产业升级的基本对策就是向"研发"（技术）和"品牌"（管理）两端升级。

第二节　产业结构的一般理论

产业结构理论的研究起源于威廉·配第。在 1672 年出版的名著《政治算术》一书中，配第指出：各国国民收入水平差异和经济发展不同阶段，主要原因是产业结构不同，"比起农业来，工业收入多，而商

---

[1]　吴敬琏：《中国经济片面重型化有危险》、《山东经济战略研究》2004 年第 11 期。

[2]　何爱国：《"新"工业化路在何方？——新世纪初中国的新工业化道路之争及检讨》（http：//edu. drcnet. com. cn/DRCNet. Common. Web/docview. aspx？SearchRecordID＝3153313 & version）。

业比起工业来，商业收入多"①，他的这一发现也叫配第定理。另一位经济学先驱魁奈，在《经济表》和《经济表分析》中提出了纯产品概念，开始划分社会经济结构。魁奈提出了关于社会阶级结构的划分：（1）生产阶段：从事农业和创造"纯产品"的阶段，包括租地农场主和农业工人；（2）土地所有者阶级：地主及其仆人、君主、官吏等；（3）不生产阶级：工商资本家和工人。② 除此之外，李斯特、马克思、瓦尔拉斯等都提出了产业结构方面的理论：李斯特提出国家必须经过五个阶段③，马克思提出了社会再生产理论，瓦尔拉斯提出了一般均衡理论。

一　马克思主义的产业结构理论

马克思在古典经济学的基础上，建立了产业结构的分部类概念。马克思把整个社会总生产分成生产资料（Ⅰ）和消费资料（Ⅱ）两大部类。在简单再生产条件下，必须满足：Ⅰ（v+m）=Ⅱc，进一步发展成为Ⅰ（c+v+m）=Ⅰc+Ⅱc，Ⅱ（c+v+m）=Ⅰ（v+m）+Ⅱ（v+m）。在扩大再生产情况下，两大部类生产的平衡条件为：Ⅰ（c+v+m）=Ⅰc+Ⅱc+Ⅰ△c+Ⅱ△c，Ⅱ（c+v+m）=Ⅰ（v+m/x）+Ⅱ（v+m/x）+Ⅰ△v+Ⅱ△v。马克思抽象而清楚地阐明了社会再生产实现的条件，但在现实生活中，产业部门众多，产业结构中包括了多种产业部门之间相互提供中间产品的错综复杂的联系。因此，运用马克思的结构均衡理论难以描述产业之间多部门的投入产出联系，对于产业结构的区际协调应用性不强。④⑤

苏联成为第一个社会主义国家后，列宁根据马克思的基本产业结构理论，提出了在技术进步条件下，生产资料生产优先增长的规律。在扩大再生产过程中，增长最快的是制造生产资料的生产资料生产，其次是

① 威廉·配第：《政治算术》，商务印书馆 1978 年中文版，第 19 页。
② 魁奈：《经济表》，商务印书馆 1979 年版。
③ 李斯特：《政治经济学的国民体系》，商务印书馆 1961 年中文版。
④ 杨公朴、夏大慰主编：《现代产业经济学》，上海财经大学出版社 1999 年版，第 5—8 页。
⑤ 李悦主编：《产业经济学》，中国人民大学出版社 2004 年版，第 327—329 页。

制造消费资料的生产资料生产，最慢的是消费资料生产。1949 年中华
人民共和国成立后，特别是 1956 年社会主义改造完成后，进入了大规
模的经济建设阶段，其理论基础也是按照马克思产业结构理论和苏联模
式，进行社会主义建设。苏联和中国两个社会主义大国在几十年的建设
中，把社会简单分为两大部类和生产资料优先增长，并不能实现社会各
方面的需要，产业结构之间的内在联系也难以得到较好的反映。

二 现代产业结构理论[①]

（一）现代产业理论的提出

18 世纪中叶之后，工业部门在第一次、第二次工业革命推进下突
飞猛进，同时服务部门也有了较大发展。在 20 世纪 30 年代大危机时
期，工业部门衰退，从统计上体现出服务部门在经济中的明显优势。于
是，人们回忆起 17 世纪中期配第的朴素思想。德国经济学家霍夫曼
1931 年探讨工业内部结构，提出了工业化阶段论。霍夫曼对工业结构
演变规律做了开拓性的研究，提出了所谓的霍夫曼定理，其主要内容
是：在工业化进程中霍夫曼比例（消费资料工业的净产值和资本资料工
业的净产值比）是不断下降的。霍夫曼对工业化问题进行了许多富有开
创性的研究，他提出了被称为"霍夫曼工业化经验法则"的问题阶段
理论，根据霍夫曼比例，把工业化过程划分为四个阶段：

第一阶段：消费品工业占主导地位，霍夫曼比例为 5 （±1）。

第二阶段：资本品工业快于消费品工业的增长，消费品工业降到工
业总产值的 50% 左右或以下，霍夫曼比例为 2.5 （±1）。

第三阶段：资本品工业继续快速增长，并已达到和消费品工业相平
衡状态，霍夫曼比例为 1 （±0.5）。

第四阶段：资本品工业占主导地位，这一阶段被认为实现了工业
化，霍夫曼比例为 1 以下。在实际应用中，霍夫曼比例往往用轻工业品
净产值与重工业品净产值的比例来表示。

从上面霍夫曼的四个阶段特征和霍夫曼比例，我们不难看出，霍夫

---

① 最早把产业进行分类的经济学家是费希尔、克拉克。1931 年费希尔教授从经济发展史
角度对产业结构进行分析，提出"三次产业"划分的思想。然后克拉克广泛应用了三次产业
的思想。

曼的工业阶段论阐述的主要是工业过程中重化工业阶段的演变情形。[①]

　　新西兰经济学家费希尔以统计数字为依据，再次提起配第的论断，并首次提出了关于三次产业的划分方法，产业结构理论开始初具雏形。[②]

　　下面介绍产业结构理论几位代表人物的基本观点。

　　一是 C. 克拉克的理论。C. 克拉克建立起了完整、系统的理论框架。在 1940 年出版的《经济发展条件》一书中，他通过对 40 多个国家和地区不同时期三次产业劳动投入和总产出的资料的整理和比较，总结了劳动力在三次产业中的结构变化与人均国民生产总值的提高存在着一定的规律性：劳动人口从农业向制造业、进而从制造业向商业及服务业的移动，即所谓克拉克法则。其理论前提是以若干经济在时间推移中的变化为依据，这种时间序列意味着经济发展，而经济发展在此是指不断提高的国民收入。[③]

　　二是里昂惕夫的理论。到了 20 世纪五六十年代，美国著名的计量经济学家里昂惕夫建立了投入产出分析体系，包括投入产出分析法、投入产出模型和投入产出表等。里昂惕夫对产业结构进行了更加深入的研究，他于 1953 年和 1966 年分别出版了《美国经济结构研究》和《投入产出经济学》两本专著，建立了投入产出分析体系，他利用这一体系分析了经济体系的结构与各部门在生产中的关系，分析了国内各地区间的经济关系以及各种经济政策所产生的影响。在《现代经济增长》和《各国经济增长》中，他还深入研究了经济增长与产业结构之间的关系问题。

　　三是库兹涅茨的理论。库兹涅茨通过对大量历史经济资料的研究，于 1941 年出版了《国民收入及其构成》一书，在书中阐述了国民收入与产业结构间的重要联系，产业结构和劳动力的部门结构将趋于下降；政府消费在国民生产总值中的比重趋于上升，个人消费比重趋于下降。

---

　　① ［德］霍夫曼：《工业阶段论》，参见苏东水《产业经济学》，高等教育出版社 2000 年版，第 226 页。

　　② ［新］费希尔：《安全与进步冲突》，参见邓伟根《产业经济学研究》，经济管理出版社 2001 年版，第 89—90 页。

　　③ 克拉克：《经济进步的条件》，参见宫泽健一《产业经济学》，东洋经济新闻报社 1987 年版，第 54 页。

在此理论基础上，他把克拉克单纯的"时间序列"转变为直接的"经济增长"概念，即"在不存在人均产品的明显减少即人均产品一定或增加的情况下产生的人口的持续增加"。同时，"人口与人均产品双方的增加缺一不可"，而"所谓持续增加，指不会因短期的变动而消失的大幅度提高"。而后，他将产业结构重新划分为"农业部门"、"工业部门"和"服务部门"，并使用了产业的相对国民收入这一概念来进一步分析产业结构，即库兹涅茨产业结构论，由此使克拉克法则在现代经济社会研究中的地位更趋稳固。

四是丁伯根的理论。丁伯根关于制定经济政策的理论包含丰富的产业结构理论。经济结构就是要有意识地运用一些手段以达到某种目的，其中就包含了调整结构的手段。他将经济政策区分为数量政策、性质政策和改革三种。其中，性质政策就是改变结构（投入产出表）中的一些元素，改革就是改变基础中的一些元素。他的发展计划理论中所采用的大型联立方程式体系，就是凯恩斯、哈罗德、多马以及里昂惕夫等人多种模型的混合物。另外，他所采用的部分投入产出法，就是一种产业关联方法，它直接从投资计划项目开始，把微观计划简单地加总成为宏观计划。

（二）现代产业理论的发展

20 世纪下半叶，现代产业理论蓬勃发展，学者大家辈出，以刘易斯、赫希曼、罗斯托、钱纳里和希金斯等发展经济学家为代表的学者们，提出了一系列理论研究成果。

美国发展经济学家刘易斯提出了用以解释发展中国家经济问题的理论模型——二元经济结构模型，即整个经济由弱小的现代资本主义部门与强大的传统农业部门组成，经济发展就是要扩大现代资本主义部门，缩小传统的农业部门。发展中国家可以利用劳动力丰富这一有利条件，加速经济发展。刘易斯于 1954 年发表了《劳动无限供给条件下的经济发展》一文，他在文中提出了用以解释发展中国家经济问题的理论模型即刘易斯理论（二元经济结构模型）。拉尼斯他与费景汉把二元经济结构的演变分为三个阶段，认为收入分配变化及与之相对规模以及储蓄、教育、劳动力市场等有关因素之间也存在直接的联系。

赫希曼在 1958 年出版的《经济发展战略》中提出了一个不平衡增

长模型，突出了早期发展经济学家限于直接生产部门和基础设施部门发展次序的狭义讨论。其中关联效应理论和最有效次序理论，已经成为发展经济学的重要分析工具。

美国经济学家 W. W. 罗斯托教授提出了著名的主导产业扩散效应理论和经济成长阶段理论。产业结构的变化对经济增长具有重大的影响，在经济发展中应重视发挥主导产业的扩散效应，其主要著作有《经济成长的过程》和《经济成长的阶段》等。罗斯托对主导产业的研究做出了开创性的贡献，它在《主导部门和起飞》（1998）一书中，提出了产业扩散效应理论和主导产业的选择基准，即"罗斯托基准"。他认为，应该选择具有较强扩散效应（前瞻、回顾、旁侧）的产业作为主导产业，将主导产业的产业优势辐射传递到产业关联链上的各产业中，以带动整个产业结构的升级，促进区域经济的全面发展。主导产业的建立，要有足够的资本积累和投资，这就要求一国的净投资率（投资在国民生产净值中的比重）从5%左右提高到10%，要做到这一点，必须鼓励和增加储蓄，减少消费，防止消费早熟，必要时应引进外资，要有充足的市场需求，来吸收主导部门的产出；要有技术创新和制度创新，拥有大批具有创新意识的企业家，为主导部门的发展提供组织、管理和人力等条件。

钱纳里对产业结构理论的发展贡献颇多。他认为，经济发展中资本与劳动的替代弹性是不变的，从而发展了柯布—道格拉斯的生产函数学说。他指出，在经济发展中产业结构会发生变化，对外贸易中初级产品出口将会减少，逐步实现进口替代和出口替代。钱纳里把开放型产业结构理论规范化和数学化，提出了著名的"发展型式"理论。他在一些基本假设的基本上，从大量观察值中选择了10个基本经济过程，来描述几乎所有国家经济发展的基本特征，并用27个变量量化了这10个基本经济过程。然后把收入水平和人口数据作为外生变量对所有这些过程进行一致性的统计分析，构造了反映结构转换的主要变量以及与变量之间典型性关系的"发展型式"。为使分析的结果更广泛地适用于各国和各种经济过程，钱纳里进一步使用了几个基本的回归方程对"发展型式"理论进行了回归分析，得出一个具有一般意义的"标准结构"。据"发展型式"理论，结构变化的75%—80%发生在人均国民生产总值

100—1000 美元的发展区间，其中最重要的积累过程和资源配置都将发生显著的、深刻的变化。钱纳里的标准结构对于揭示人均 GNP 与结构变动的关系具有重要的价值。

希金斯分析了二元素结构中，先进部门和原有部门的生产函数的差异。原有部门的生产函数属于可替代型的，而先进部门存在固定投入系数型的生产函数，以此可以判定此部门采取的是资本密集型的技术。

（三）日本学者对产业结构的研究

20 世纪 30 年代，日本经济学家赤松要提出了产业发展的"雁行形态理论"。该理论主张，本国产业发展要与国际市场紧密地结合起来，使产业结构国际化，因此后起国家可以通过四个阶段来加快本国工业化进程。

二战以来，日本立足自身的国情，逐步发展形成了一套独特的产业结构理论，他们认为产业结构变动与周边国家或世界密切相关。筱原三代平提出了"动态比较费用论"，基本思想是后起国的幼稚产业经过扶持，其产品的比较成本可以转化，原来处于劣势的产品有可能转化为优势产品，即形成动态比较优势。由于该理论从核心内容来说与国际贸易理论密切相关，因而只能把它作为战后日本产业结构理论研究的起点。日本的经济实践和学者们的研究，形成了著名的产业发展"雁形态论"。赤松要在战前研究日本棉纺工业史后，提出了"雁形态论"最初的基本模型，战后与小岛清等人进一步拓展和深化了该理论假说，用三个相联系的模型阐明其完整内容。关满博提出产业的"技术群体结构"概念并构建了一个三角形模型，并用该模型分别对日本与东亚各国或地区的产业技术结构做了比较研究，其核心思想是：日本应放弃从明治维新后经百余年奋斗形成的"齐全型产业结构"，必须促使东亚形成网络型国际分工，而日本只有在参与东亚国际分工和国际合作中对其产业进行调整才能保持领先地位。日本学者的产业结构研究，实际上触及了东亚区域产业结构循环演进问题，并已明确意识到一国产业结构变动与所在国际区域的周边国家或世界相关联，但仍以单个国家为立足点，仅涉及国际区域的一个特例，没有上升到一般理论。

（四）开放型产业结构理论

在古典经济学家中，亚当·斯密在 1776 年的《国富论》一书中提出了绝对成本说，他认为各国按照绝对成本的高低进行成本分工，就必然使各国的生产要素从低效率产业流入高效率产业，从而使资源合理配置和产业结构优化。大卫·李嘉图在 1817 年出版的《政治经济学及其赋税原理》一书中，在亚当·斯密的绝对成本（或相对成本）说的基础上提出了进行国际分工，以获得比较优势和资源的优化配置。

赫克歇尔探讨了各国资源要素禀赋构成与商品贸易模式之间的关系，并且一开始就运用了一般均衡的分析方法。他认为，要素绝对价格的平均化是国际贸易的必然结果。俄林继承并发展其师赫克歇尔的学说，在 1933 年出版的《域际和国际贸易》中提出了著名的要素禀赋论，他提出比较成本差异产生的原因在于生产要素禀赋差异。因此，各国应从事自己拥有比较优势的那些商品生产，通过自由贸易重新分配各国生产要素，以实现国际商品价格的均等化，可以说他的理论是对比较成本学说的完整化。里昂惕夫用投入产出法对 1947 年美国 200 个产业的产品进行检验时，得出了与俄林的观点刚好相反的结论，即里昂惕夫反论。要素禀赋论与里昂惕夫反论的分歧是由许多复杂因素造成的，其中一个重要因素就在于事实背景不同。前者是以澳大利亚、挪威、荷兰、乌拉圭、阿根廷等经济规模比较小的国家的外贸情况为背景提出的，而后者则是以美国的外贸情况为背景提出的。后来的西方经济学家关于进出口商品价格的研究，就是循着某些国家某个时期的情况符合要素禀赋论，而另一些国家另一个时期的情况符合里昂惕夫反论这样一种思路展开的。

日本学者筱原三代平发展了李嘉图的静态比较成本说，提出了著名的动态比较成本说。该理论认为：产品的比较成本是可以转化的，从某一时点看在国际贸易中处于劣势的产业，从发展的眼光看却有可能转化为处于优势的产业。故对那些潜力巨大且对国民经济有重要意义的产业，不但不应放弃它的发展，并且要扶持它的发展，使之成为强有力的出口产业。日本政府依据动态比较成本说制定了扶持若干幼小产业的政策并在实践中取得巨大成功，最典型的例子是日本的汽车工业。日本的汽车工业在扶持幼小产业政策的保护下，经过短短二十几年的发展，从 1955 年年产量 6.5 万辆提高到 1980 年的 1140 万辆，跃居全球第一大汽车生产国，汽车产业也成为日本第一大出口产业。

三　产业结构演变与经济增长的内在联系

产业结构演变与经济增长具有非常紧密的内在联系。产业结构的高变换率会导致经济总量的高增长率，而经济总量的高增长率也相应地会导致产业结构的高变换率。随着技术水平的进一步提高，这两者间的内在联系日益明显，而且随着社会分工越来越细，产业部门增多，部门与部门间的资本流动、劳动力流动、商品流动、信息流动等联系也越来越复杂。这些生产要素在部门之间的流动对经济增长有什么影响，也逐渐引起许多专家、学者的注意，他们开始重视研究生产要素在不同产业之间的这些变化与经济增长之间的内在联系。他们也注意到，大量的资本积累和劳动投入虽然是经济增长的必要条件，但并非充分条件，因为大量资本和劳动所产生的效益在很大程度上还取决于部门之间的技术转换水平和结构状态，不同产业部门对技术的消化、吸收能力往往有很大不同，这在很大程度上决定了部门之间投入结构、产出结构的不同。

（一）产业结构的演变与工业化发展阶段的关联性

产业结构的演进有如下几个阶段：前工业化时期、工业化中期、工业化后期和后工业化时期四个阶段。在前工业化初期，第一产业产值在国民经济中的比重逐渐缩小，其在国民经济中的地位不断下降；第二产业有较大发展，工业重心从轻工业主导型逐渐转向基础工业主导型，第二产业开始占据国民经济的主导地位；第三产业也有一定发展，但在国民经济中的比重还比较小。在工业化中期，工业重心由基础工业向高加工度工业转变，第二产业在国民经济中仍居第一位，第三产业在国民经济中的比重以及重要性逐渐上升。在工业化后期，第二产业的比重在三次产业中占有支配地位，甚至占有绝对支配地位。在后工业化阶段，产业知识化、智能化成为主要特征。总之，产业结构的发展演进就是沿着这样的一个由低级向高级演化的动态发展过程。

（二）主导产业的转换过程具有顺序性

产业结构的演进有以农业为主导、轻纺工业为主导、原料工业和燃料动力工业等基础工业为重心的重化工业为主导、低度加工型的工业为主导、高度加工组装型工业为主导、第三产业为主导、信息产业为主导等几个阶段。产业结构的演进史沿着以第一产业为主导到以第二产业为主导，再到以第三产业为主导的方向发展。

（三）产业结构演进的阶段区间具有可塑性

产业结构由低级向高级发展的各阶段是难以逾越的，但各阶段的发展过程可以缩短。从演进角度看，后一阶段产业的发展是以前一阶段产业充分发展为基础的。只有第一产业的劳动生产率得到充分的发展，第二产业的轻纺产业才能得到应有的发展，第二产业的发展是建立在第一产业劳动生产率大大提高基础上的，其中加工组装型重化工业的发展又是建立在原料、燃料、动力等基础工业的发展基础上。同样，只有第二产业快速发展，第三产业的发展才具有成熟的条件和坚实的基础。产业结构的超前发展会加速一国经济的发展，但有时也会带来一定的后遗症。

四　关于产业升级问题的研究

西方经济学对于产业结构的研究比较早（如第二部分所述），但是对于产业升级问题的研究则相对较晚，到 20 世纪 90 年代初，才有研究文献出现。厄恩斯特在研究韩国特殊的产业竞争战略时，发现该国是通过章鱼式多元扩张进入不同甚至不相关的产业来扩张的，而不是通过产业升级带来的知识累积实现，韩国偏重产业结构变迁而忽视内在能力的提高。他最早使用"industrial upgrading"这个概念。①

东亚地区在 20 世纪七八十年代，由于经济发展快，产生了"亚洲四小龙"，但是到了 20 世纪 90 年代，东亚地区各经济体的经济都遇到了一些问题，特别是 90 年代的亚洲金融危机重创了东亚经济，由此许多经济学家对东亚地区的经济发展模式进行了反思，他们的研究表明东亚地区各经济体的经济结构性出现了问题，东亚地区除日本之外各经济体的产业主要处于价值链的低端。格里夫等关于东亚服装产业的一系列研究，开始了正式的、非"结构思路"而是"价值链思路"下的"产业升级"研究，格里夫等具体分析了从 OEA 到 OEM、再到 ODM 和 OBM 的升级阶段，提出了两种价值链形式：生产者驱动型（如汽车、

---

① Dieter Ernst, "Catching-Up, Crisis and Industrial Upgrading, Evolutionary Aspects of Technological Learning in Korea's Electronics Industry", *Asia Pacific Journal of Management*, Vol. 15, No. 2, 1998, pp. 247-248.

飞机、计算机、半导体与重工业)和购买者驱动型(如鞋、服装、家具、玩具)。得出的重要结论是:一国或地区的产业被视作全球价值链的一部分,产业升级可以看成该国或地区的企业以及产业整体在价值链上或者不同价值链间的攀越过程,其意义不仅仅是统计上的产业结构变迁,更重要的是增加价值获取,以及企业增加值、国家税赋、劳动者收入、企业与国家形象乃至自然环境等一系列条件的改善。价值链间升级,也就是跨产业升级,即产业结构调整。[①]

开普林斯基(Kaplinsky)也深入研究了东亚地区各经济体的经济结构,他指出有效的产业升级研究需要深入了解全球价值链的动态因素,而全球价值链收益的根本来源是多种优势禀赋所带来的"经济租"。他发展了 J. 汉弗莱(J. Humphrey)等提出的四种产业升级方式:工艺(技术)升级、产品升级、功能升级和价值链间升级。这四种方式,全面概括了产业升级的外延形式,上述研究事实上也构筑了"价值链思路"下产业升级研究的基石。[②]

第三节 我国关于产业结构升级问题的研究

本节专门介绍我国学者的相关研究。从新中国成立到改革开放前的这段时期,我国基本没有"产业结构"的提法,研究内容与现在"产业结构"比较相近的,多数称为"再生产理论"、"经济结构"等。改革开放后,学者的研究视角经历了从最初的克服短缺和结构失衡,到市场经济背景下的产业结构问题的转变,包括现实产业结构的演变、产业结构合理化、与新经济相关产业的发展、经济开放对产业结构的影响等,"产业结构"问题成了人们关注与研究的热点。进入 21 世纪后,人们很少提产业结构,而更多的是提产业升级。例如,国务院总理李克强在 2013 年大连夏季达沃斯中国论坛上明确提出打造产业升级中国版。"产业升级"概念由此日益受到政府和学者的高度重视。

---

① Gereffi, G., "International Trade and Industrial Upgrading in the Apparel commodity Chain", *Jouranl of Interna-tional Economics*, Vol. 1, No. 48, 1999, pp. 37-70.

② Kaplinsky, R., "Globalization and Unequalisation: What Can be Learned from Value Chain Analysis", *Journal of Development Studies*, Vol. 37, No. 2, 2000, pp. 117-145.

吴崇伯是国内最早讨论产业升级的学者，他对产业升级的阐释是"产业结构的升级换代"，即"迅速淘汰劳动密集型行业，转向从事技术与知识密集型行业"。进入 20 世纪 90 年代后，人们开始更多地研究我国的"产业结构升级"问题。1997 年举办了"产业升级、体制转换与国际合作国际讨论会"，大会研讨会秘书处在会议结束后，总结了来自多个国家和国际组织的专家学者的观点，与会者普遍认为"中国正在进入一个产业调整和产业升级的新阶段"，而且"90 年代的产业升级已经从主要进行产业间比例调整，转向必须进行深层次的产业结构调整的新阶段"。

很多学者也针对我国的产业升级问题进行了广泛的探讨，学者们认为，中国产业升级进展缓慢的原因：一是科技与经济分离的旧体制阻碍了产业技术进步；二是企业尚未建立起技术进步的机制，缺乏技术创新的内在动力：三是企业技术进步投入明显不足的投资结构不适应产业升级的要求；四是技术资源的制约，我国企业过于重视引进而忽视了对引进技术的消化吸收和再创新。例如，学者王子先分析了开放情形下我国得以大幅度产业升级的主要原因：经济体制改革不断深化和经济发展战略调整发挥了重要作用，对外开放政策产生了强大动力，吸收外商投资以及加工贸易都是促进产业升级的原因。[①]

进入 21 世纪，政府部门和学界仍然非常重视产业结构调整形式的产业升级。例如，学者伍长南研究了我国的外资与产业结构之间的关系，认为我国利用外资也存在着技术滞后、与产业结构调整结合不紧密等问题。对四大外商投资区利用外资产业升级的研究表明，加入 WTO 后，我国应从扩大外资准入、加大创新力度、提高外资质量等方面采取积极有效的措施。[②]

又如，学者靖学清以上海为例，研究了上海产业结构升级问题。改革开放以来，上海第一产业和第二产业比重下降的同时，第三产业超前发展，产业升级进程和速度较快，近期虽然出现三次产业结构变动速度

[①] 郑新立：《产业升级与投资结构调整》，《中国工业经济》1999 年第 4 期，第 9—12 页。

[②] 伍长南：《我国利用外资与产业结构研究》，《亚太经济》2002 年第 1 期，第 52—58 页。

趋缓且变动方向发生逆转的状况，但制造业和第三产业内部产业升级的势头未减，仍然维持良好发展态势。大力发展服务业尤其是加快金融等生产性服务业发展的同时，推动高新技术行业以及传统行业的技术环节更快增长，是上海目前及未来一个时期产业升级的基本方向。[①]

再如，学者李泊溪等研究了我国产业结构的现状及面临的问题。他们的研究认为，从 1984 年底开始出现的经济过热，迅速加剧了我国产业结构的失衡，接下来的几年尽管采取了一些调整措施，但收效不大，隐患未除。1987 年、1988 年工业的高速增长，使得结构性矛盾更加突出，在中央"治理经济环境，整顿经济秩序，全面深化改革"方针的指导下，调整产业结构的工作取得了一定的进展，但也应清楚地认识到，结构调整工作仍然十分艰巨与紧迫。现有的利益格局在很大程度上制约着结构的调整，许多政策措施难以贯彻落实，产业结构和投资结构的扭曲状况依然严重，在有些方面甚至更趋恶化。[②]

学者李培育重点研究了区域的产业升级问题。他认为，从我国实践看，各地区特别是落后地区的产业结构调整思路与比较优势理论有着深厚的渊源。但在近年来，比较优势理论在地区产业结构分析和产业发展实践中的局限性日趋明显。与之相对，竞争优势理论开始越来越多地引起人们的关注，并运用到地区产业发展的分析和政策实践之中。在地区产业分析中，有关比较优势理论的局限性和竞争优势理论的适应性涉及多个方面，因此他认为，需求分析是反映比较优势理论局限性和体现竞争优势理论适应性的最为重要的内容之一。李培育也研究了落后地区产业升级过程中比较优势的局限性与竞争优势的适用性，他将产业升级定义为"产业结构调整"[③]。有学者研究认为，一个国家的经济发展过程，不仅体现为国民生产总值的增长，还必然伴随着经济结构的演变。选择主导产业是实施产业政策并实现产业结构升级的重要内容。高新技术产业具有较强的关联性和带动性，具有极高的成长性和效益性，高新技术

---

①　靖学清：《上海产业升级测度及评价》，《上海经济研究》2008 年第 6 期，第 53—59 页。

②　李泊溪、李培育：《当前产业结构调整的问题及对策》，《管理世界》1989 年第 6 期，第 31—35 页。

③　李培育：《落后地区产业升级战略中的需求分析》，《管理世界》2003 年第 7 期，第 76—89 页。

产业目前已经成为产业结构中的主导产业部门，成为产业结构升级的重要驱动力。①② 该研究以"产业升级"为题，但在文章中，一直使用的是"产业结构升级"一词，也是典型的将两个概念同等化的思路。

　　不少学者通过研究我国的产业政策和近年我国在产业升级方面的调整以及国内外的相关实践，深入剖析了我国产业升级的相关问题。学者潘悦研究指出：笼统地强调产业升级并不符合我国现阶段作为发展中大国的基本国情，在基层也难以得到积极的响应和具体的落实。因此，在结构调整中要把重点落实到产品与技术层次上，进而宏观与微观之间才能找到最佳结合点。③ 当前我国工业化先行地区正面临新一轮的产业结构调整良机，重化工业发展是工业化先行地区经济加速时期不可逾越的阶段。以传统轻型加工业为主导的地区随着经济的不断发展，在新形势下面临着来自劳动密集型产业竞争力低下、经常性技术贸易壁垒、企业外迁和资本外流、产品在国际产业链条附加值低等方面的挑战。也有学者认为，经济"偏轻"工业化地区政府部门推进重化工业发展、实现产业升级，应该注意制定好促进地区产业发展的用地规划和产业规划；着力完善资源的产权和市场定价机制，推动资源节约型的重化工业发展；大力增强企业技术创新能力，作为推进调整结构的中心环节；积极推进以循环经济为基本理念的生态工业区域建设，实现地区经济的可持续发展；积极参与全球资源、技术与产品的自由贸易体制，利用两种资源、两个市场促进产业升级。④⑤ 有学者从剖析产业升级概念开始，用高附加值产业代替低附加值产业的过程定义产业升级，以此为前提，提出了产业创新对产业升级的作用，比较详尽地分析了产业创新以分工创

　　① 韩霞：《高新技术产业化对产业升级的影响研究》，《辽宁大学学报》2003 年第 2 期，第 112—115 页。

　　② 孙自铎：《结构调整思路：由产业升级转向产品、技术升级》，《江淮论坛》2003 年第 3 期，第 40—44 页。

　　③ 潘悦：《在全球化产业链条中加速升级换代——我国加工贸易的产业升级状况分析》，《中国工业经济》2002 年第 6 期，第 27—36 页。

　　④ 蒋永志：《工业化先行地区产业升级路径研究》，《中国工业经济》2005 年第 5 期，第 74—80 页。

　　⑤ 张耀辉：《产业创新：新经济下的产业升级模式》，《数理与技术经济》2002 年第 1 期，第 14—17 页。

新为主要模式更为合理的理由，并以此为根据提出了产业创新的政策。① 由跨国公司直接投资带动的加工贸易的发展，是发展中国家融入产业内分工，沿着全球化产业链条不断地由劳动密集型环节向技术密集型环节提升，进而实现产业升级换代的有效而便捷的途径。

几位学者对我国加工贸易的产业分布和产品性质进行了动态考察和调研分析，指出中国的加工贸易产业目前已进入由劳动密集型向技术密集型产业升级换代的阶段，其在国际分工中的地位已得到显著提升。苏州的案例表明，中国沿海地区的工业化道路中外资主导的加工贸易模式，尽管在初期能迅速推动当地产业结构的演进，但也极易导致当地产业结构失衡，形成外资挤压型的二元化发展格局，进一步引发本土企业空心化和边缘化的危机。因此，有必要在重视本土企业发展的基础上，大力鼓励和发展本土企业的国际代工，努力提高本土企业的创新能力和发展能力，并实现传统产业和高技术产业的互动和平衡发展。也有学者针对国际分工与产业升级进行了持续的研究，具体分析了作为"国际代工者"的本土企业从 OEM 到 ODM 各阶段的升级模式，提出了转向自有国际品牌的国际战略。②③④

加工贸易确实促进了我国的产业升级，但大部分位于全球化生产经营链条的劳动密集型环节，不具备技术优势。另外，国际销售渠道方面也是加工贸易发展的主要突破口，而发展配套产业，是加工贸易带动产业升级的主要途径，也是加工贸易实现技术转移和技术外溢的直接渠道，以内资企业为主体的供应商群体是加工贸易避免"飞地效应"、加速升级换代的重要保证。⑤ 从组织学习的视角发现，通过知识的累积、融合与编码，产业升级能够提高企业的增量性创新和突破性创新能力。

---

① 刘志彪、张晔：《中国沿海地区外资加工贸易模式与本土产业升级：苏州地区的案例研究》，《经济理论与经济管理》2005 年第 8 期，第 57—62 页。

② 隆国强：《全球化背景下的产业升级新战略——基于全球生产价值链的分析》，《国际贸易》2007 年第 7 期，第 27—34 页。

③ 杨以文、郑江淮、黄永春：《传统产业升级与战略新兴产业发展——基于昆山制造企业的经验数据分析》，《财政科学》2012 年第 2 期，第 71—77 页。

④ 吴正锋、张杰、李碧研：《经济全球化背景下中国产业升级的路径》，《安徽工业大学学报》（社会科学版）2012 年第 2 期，第 36—38 页。

⑤ 隆国强：《全球化背景下的产业升级新战略——基于全球生产价值链的分析》，《国际贸易》2007 年第 7 期。

通过构建结构方程模型，利用昆山传统制造业和战略新兴产业的调研数据，对产业升级、增量性创新与突破性创新之间的路径关系进行实证检验。实证研究表明，传统产业升级到越高的阶段，越有利于突破性创新；而战略性新兴产业升级到越高的阶段，越不利于突破性创新，但有利于增量性创新。在经济全球化和市场竞争国际化的背景下，实现中国产业升级必须加大投入，提高自主创新水平；鼓励企业在全球范围内整合资源，把握产业转移的机遇，优化利用外资结构；推动技术创新与品牌创新。

　　也有学者认为，产业升级不能一味排斥加工贸易。笔者研究了我国沿海地区的加工贸易产业①，认为发展加工贸易与转变贸易增长方式是紧密相连的，转变贸易增长方式离不开加工贸易技术层级的提升，而加工贸易只有提升品质才能保持健康快速发展。近年来，加工贸易在全球范围内得到迅速发展，其背景就是全球范围内的生产要素重组和产业转移，导致全球生产分工体系的不断深化，产业内、产品内分工程度不断加深。确保加工贸易的稳定发展和持续提高，是做强做大外源性经济的战略选择，也是参与国际竞争的重要方面和手段。同时，加工贸易是将发展中国家劳动力资源优势与发达国家资本技术优势相结合的最有效的方式之一，适应了国际分工深化的趋势，使发展中国家在世界制造业分工中的地位不断提高。珠三角地区的实践证明了这一点，如果没有加工贸易，20多年来珠三角地区工业化快速推进的奇迹根本就不可能出现。可以肯定地说，发展加工贸易、依靠加工贸易，是珠三角地区走出的一条适合自身特点的新型工业化道路。今后随着加工贸易规模的扩大和加工贸易技术层级的提升，产业集聚效应必然会促使加工贸易链向上下游环节延伸、信息化水平提高、技术含量和附加值提升，并随着加工贸易链的不断加长和产业的相互配套逐渐扎下根来，成为本土制造业的一部分。针对国内加工贸易遇到的问题以及下一步的发展，笔者认为一是要提升品质、延长价值链，保持加工贸易健康快速发展。要通过政策引导加工贸易向采购配送等服务业延伸，加长加工贸易国内价值链。引导和

---

　　① 陈少兵：《转变贸易发展方式不应排斥加工贸易》，《南方日报》（理论版）2005年12月14日。

鼓励加工贸易企业加长国内产业链，分别向上游零部件产业上溯和向下游物流业延伸。二是要加大推进加工贸易结构优化的力度，进一步优化高新技术产品加工贸易的配套环境，促进加工贸易"转厂"业务的健康发展，提升加工贸易的加工深度，增强产品的国际竞争能力；发展核心技术，设立研究开发中心，形成高新技术产品加工贸易制造的发展环境。缺乏核心技术的研究、开发和生产能力是加工贸易领域面临的突出问题，要制定高新技术产业加工贸易的扶持性政策，将高新技术产业与一般制造业区别对待，鼓励企业利用加工贸易参与高新技术产业国际分工。三是利用现代信息技术，建立加工贸易网上配套系统，形成促进加工贸易国产化配套的发展平台，提高加工贸易与国内产业间的关联，提高参与国际产业循环分工和竞争的能力。

第四节　对产业转型升级和产业发展理论的一点思考

产业结构的优胜劣汰和升级换代是经济发展的客观规律，也正是依靠这种不断更新的机制才能实现产业的可持续发展。三次产业的产业结构分类反映了劳动对象加工顺序，反映了经济发展和国民收入提高条件下社会分工的进一步细化，反映了人们在流通领域、分配领域、消费领域内的经济活动越来越具有重要性。随着世界经济的高速发展，三次产业结构变动规律及其与经济增长的关系问题越来越引起人们的高度重视。依据产业结构的特征判明经济发展所处的阶段，对于正确拟定城市经济的发展目标和产业结构的调整均具有十分重要的作用。正如美国经济学家库兹涅茨、钱纳里等的研究得出的结论，世界三次产业结构演进的大致趋势是：第一产业的产值份额和劳动力份额趋于不断减少；第二产业的产值份额和劳动力份额先上升缓慢并趋于稳定；第三产业无论是产值份额还是劳动力份额都一直呈上升趋势。也就是说，经济成长的不同阶段具有不同的产业和人口经济联系方式，它们可以通过三次产业的产值比重序位的变化，以及相应的人口就业比重的变化反映出来。最初，以农业为主的第一产业在国民生产总值和就业结构中占主导地位；随着经济的发展，第一产业所占的比重不断下降；以工业制造业为主的第二产业在国民生产总值中的比重上升至首位，其就业比重也迅速提高；当工业化达到一定程度后，以服务部门为代表的第三产业在就业中的比重趋于上升，在国民生产总值中的比重也同样升高并稳定在一定水平上。这些经济学家们还根据三次产业在国民生产总值构成中的比例序位关系，结合人均国民生产总值的高低，将经济成长阶段划分为农业时期、工业化时期和后工业化时期三大时期，其中工业化时期又具体分为初期、中期和后期三个阶段。对具体的一个城市而言，又可分为工业化初始阶段，即第一产业比重大于10%；工业化加速阶段，即第一产业比重小于10%，第二产业比重高于第三产业；工业化成熟阶段，即第一产业比重小于5%，第二产业与第三产业比重相当；后工业化阶段，第一产业比重进一步下降，第三产业比重达到70%。这一研究，为我们把握深圳产业演进的方向，并按照可持续发展的原则调整各产业间的比例关系提供了理论依据。

总体上说，由于第二产业对资源和能源的依赖性较强，环境影响力大，其比重过高容易导致经济社会发展的不可持续，而且，如果工业的产出比重过高，可能造成许多工业品供大于求，生产能力闲置，这实际上又是一种资源的浪费。相对于第二产业，第三产业对自然资源的消耗强度和对环境的影响力则较小，较高的比重非常有利于可持续发展的实现。实践表明，如果第三产业比重偏低，会因为结构性问题制约经济增长速度，并势必影响第一、第二产业以至整个国民经济的快速协调健康地发展。因此，产业结构的调整和工业化的进程，不应当危害自然资源的循环和供给能力，工业必须由数量扩张转向质量提高和技术升级。同时，第三产业应当得到足够的重视和长足的发展。因为随着经济增长和人均GDP的提高，产业结构变化的趋势就是第三产业比重不断提升，在很大程度上，第三产业的比重标志着城市经济发展水平。

从世界各国产业结构调整的历史经验看，各国经济学家用大量事实论证了经济增长必然引起产业结构变化的三个主要原因：一是经济增长过程中，人均GDP不断提高，人们的消费从满足基本需要向较高层次转化，消费结构的变化必然引起产业结构的变化；二是各国增长处在不同历史阶段，它们的水平差别很大，为了在国际分工和竞争中取得有利地位，各国进出口结构促进了国内产业结构的变动；三是技术创新引起结构变化。这三个原因形成了解释结构转变基本过程的三种假说，即以恩格尔定律所做的概括为基础的需求说；以随着资本和劳动技能的积累而产生的比较优势的变化为基础的贸易说；涉及加工产品对原料的替代以及生产率增长速度差异的影响的技术说。另外，当今产业结构调整的内涵和核心已有了很大变化。主要表现在三个方面：一是调整的对象，已从产业间的比例调整转向深层次的产业结构的调整。以前主要是对第一、第二、第三产业之间在比例上进行调整，现在由于交通、能源、邮电等瓶颈制约都有所缓解，产业调整已是品牌、质量、价格、成本、销售手段之间的调整和竞争，这种深层次的调整最终促进产业升级。二是调整的措施，从主要依靠政府的政策行为转为主要依靠企业的策略行为。三是调整的目标，已从补缺平衡转向提高产业的整体国际竞争力。

第三章

产业结构升级国际（地区）比较

第一节　第二次世界大战之后日本的
产业升级与转型

二战结束后的最初几年，日本经济处于崩溃的边缘，物质极度缺乏，城市经济受到重创。1944 年底到 1945 年，工矿业人口减少，据1944 年和 1945 年 6 月底进行的"年度劳动调查"统计，日本全国的工厂数和从业人数，分别从 1944 年的 55 万家、991 万人，减少到 1945 年的 24 万家、504 万人（包括 67 万应征学生）[①]，当时各大城市主食实行配给制，而且供应经常推迟或者中断。工业生产指数下降，按国民经济协会指数（以 1935—1937 年平均数为 100 作为基准计算），1945 年 8月生产指数仅为 8.7，1945 年 10 月到 1946 年 1 月约为 13，到 1946 年 9月才达到 30。[②]

从 1946 年开始日本致力于经济复兴，把有限资料向生产部门倾斜调整。经过 20 世纪 50 年代初期的经济重建和美国的援助，加上抓住了朝鲜战争的机遇，日本经济进入起飞阶段。从 1946 年到 1970 年，宏观经济各项指标的增长幅度都较快，具体见表 3—1。

从 20 世纪 50 年代开始到 80 年代中期，日本产业结构的发展路径基本上是先发展劳动密集型工业，然后是发展重化工业，如钢铁、造船等。20 世纪 70 年代后，大量的劳动密集型产业转往东南亚地区和中

[①]　［日］中村隆英编：《计划化和民主化》，胡企林等译，生活・读书・新知三联书店1997 年版，第 40 页。

[②]　同上书，第 47 页。

国，日本本土则致力于发展高端制造业。

表3—1　　　　战后开始到1970年日本宏观经济主要指标增长率　　　单位：%

	1946—1955年	1946—1950年	1950—1955年	1955—1970年
经济增长	9.2	9.4	8.9	11.0
个人消费增长	10.0	10.2	9.9	8.8
民间投资	6.4	1.9	10.2	17.7
出口	46.1	99.5	13.9	13.8
进口	21.2	25.1	18.1	14.8
个人储蓄	8.7	6.5	7.0	14.7
销售物价指数	40.1	96.9	6.8	1.0

资料来源：[日]中村隆英编：《计划化和民主化》，胡企林等译，生活·读书·新知三联书店1997年版，第317页。

1985年后，由于泡沫经济破灭的原因，日本产业开始转向技术密集和服务业为主导的现代产业体系。日本作为后起追赶型国家，其经济发展过程表现为产业结构不断升级优化的过程，战后日本制造业结构实现了三次明显的转换过程，即以轻工业为中心向以重化学工业为中心的转换，由以重化学、原材料工业为中心向以高加工度组装工业（机械工业）为中心的转换，由一般机械工业向高技术密集度的高级机电一体化工业的转换。60年代日本经济在转型过程中GDP仍保持快速增长，尽管最初几年股市表现并不理想，但1967年后日本股市进入持续上涨阶段。在1968—1973年的股市上涨行情中，新兴行业如电器机械、精密仪器等行业超额收益明显，其次为建筑与房地产行业，但同一时期的传统重化工业未取得超额收益。

从日本的产业升级过程和实践可以看出，产业结构高度化表现为产业向附加值高和技术含量高的部门发展的趋势，产业升级的主要驱动力来自于市场需求、技术创新、生产要素成本比较优势及政府产业政策的变化驱动。产业结构升级的核心内涵是通过生产要素在不同产业之间的配置，实现产业结构的合理化和高度化。这说明日本的产业升级路径符合一般经济规律。

第二节　"亚洲四小龙"的产业升级与转型

一　我国台湾地区的产业升级

20世纪70年代的石油危机，台湾地区经济受到不小的冲击，经济由高速增长转入中速和不稳定发展时期，由于工资普遍上升、地价暴涨等生产成本上升而造成产品在国际市场上的竞争力减弱。为了摆脱困境，台湾地区提出"经济转型升级"的新措施，将经济发展的重点，由以前的劳动密集型工业逐步转移到技术密集型和资本密集型产业上来。到80年代中期，通过实施以"科技升级"带动"工业升级"，成功实现了产业结构向更高层次的转变。

（一）台湾地区产业结构演变

1949年后，由于国民党在大陆的失败，国民党当局带领大批人马去了台湾。由于当时台湾人口突然大幅增加，给台湾民众的生活带来了一定的压力，因此发展经济是当务之急。台湾地区当时首先进行土改，稳定农业。50年代台湾省主要发展进口替代工业以及台湾地区当时缺乏的工业品，特别是轻纺工业品，以满足内部市场的需要。当时台湾当局提出了"以农业培养工业，以工业促进农业"的方针，把战前主要依靠日本供应的非耐用消费品和农业生产必需品转移至岛内生产，并采取了进口管制、分级关税和多重汇率制等经济政策措施。

20世纪60年代台湾地区主要是发展出口替代产业。利用劳动力的比较优势，扶植轻工业产品出口，以低廉工资为代价参与国际分工，打开海外市场。降低非耐用消费品的进口关税，迫使企业参与国际竞争，废除多重汇率制，通过使台币贬值促进出口，促进产品打入国际市场。另外，这一阶段是台湾地区经济的起飞阶段，国民生产总值的年均增长率达到10.1%。

20世纪70年代开始，台湾地区致力于发展以重化工业为主的进口替代产业，同时仍大力促进轻纺产品的出口。重化工业的发展主要靠增加公营企业的投资和利用美、日技术，推动重化工业及机械、资讯、电子等策略性工业的发展，使工业产品出口结构得以在石油危机、贸易保护主义的压力及劳动力成本优势削弱的情况下，逐渐由劳动密集型的产业转向技术密集型的产业，产业结构亦随之调整。

20 世纪 80 年代台湾地区提出发展"策略性工业"，实施了积极发展新兴高科技产业的政策，以"科技升级"带动"工业升级"。依据市场潜力大、产业关联性大、技术层次高、附加值高、污染程度低、能源依存度低等六大原则，提出发展十大新兴工业与八大关键工业技术。同时，透过财务支持、技术、管理及市场辅导，促进产业升级及产业结构调整。

20 世纪 90 年代以来台湾地区进行了新一轮的产业升级。推出"促进产业升级条例"，除积极推动传统产业升级外，更推动以十大新兴工业为主的高科技产业发展，选定通信、资讯、消费性电子、半导体、精密器械与自动化、航天、高级材料、特种化学及制药、医疗保健及污染防治等十项高技术含量的产业，作为发展的重点。

（二）台湾地区产业升级路径：以高科技产业主导的产业转移

1985 年以后，台湾地区逐步从传统制造业向高科技产业转型升级，确立以电子信息工业为代表的高新技术产业，作为工业升级的主导产业，包括电信、资讯、自动化、高级材料、消费性电子等 13 项工业，被列为优先发展的对象。通过实行"策略性工业"计划，以高新技术密集度和高附加值、低能源密集度和低环境污染以及产业关联度效果大和市场潜力大等指标作为发展方向的新的主导产业。所谓"策略性工业"，就是根据台湾岛内的经济条件，从众多的资本与技术密集型产业部门中筛选出适合台湾地区发展，而且又具有广阔前景的产业，以取代失去比较利益优势的劳动密集型产业，并进一步发展成为台湾地区出口导向经济的新的支柱产业。台湾地区向大陆以及东南亚的产业转移始于 20 世纪 80 年代初，在 90 年代得到迅速发展，随着 1990 年台湾当局放宽对祖国大陆的投资限制，产业转移的目的地转向以大陆为主。

亚洲金融危机后，国际农工原料价格持续下挫，石化、钢铁产业供过于求，加上电子信息产品的日益成熟，集成电路产能扩张过快导致价格大幅下降，利润空间日趋缩小。面对包括价格竞争在内的经营压力，台湾地区不但传统产业纷纷外移，中、高科技产业也开始转移到大陆生产。

（三）台湾地区产业转移的路径

台湾地区的产业转移非常有特色，路径也非常清晰，产业转移带来的经济效益也非常明显。

1. 转移产业的技术层次不断提高

台湾地区产业向大陆转移的初期以中小企业为主，产业选择上则是以轻纺工业等出口加工为主的劳动力密集型产业。随着经济一体化和知识经济的普及发展，全球范围内产业转型速度进一步加快，集成电路等的市场价格逐年下降，以电子信息为主的台湾地区高科技产业受到极大的冲击，作为全球主要电子信息产品制造基地的地位开始发生动摇，迫切需要新一轮的调整和升级。另外，中国加入 WTO 后，大陆稳定的经济增长环境和庞大的内需市场吸引不少跨国企业前来投资，形成了以高新科技为主流的新一波转移浪潮，台湾地区抓住了这个机遇，向大陆转移产业，其技术层次从传统产业逐步提升到了高科技产业。

2. 在大陆的投资地域逐渐向北转移

台湾地区的产业向大陆转移的初期，闽粤两省约占大陆引进台资的一半以上。早期台商投资的产业技术层次较低，对劳动力技术要求不高，可以利用大陆廉价的劳动力和资源从事出口加工，而闽粤两省改革开放较早，又临近港澳地区，在出口方面较为便利，因而成为台湾地区产业转移大陆初期的首选地。

20 世纪 90 年代中期，虽然广东等华南沿海地区仍是台商投资的重要区域，但是随着台商投资规模的扩大和投资产业的转变，台商投资热点发生重大变化，从过去以华南沿海地区为"主战场"逐步向北转移。进入 21 世纪后，长江三角洲地区成为台湾地区以电子信息产业为主的高科技产业投资重心，江苏省也因此超过广东省成为大陆吸引台资新的"领头羊"。

台湾地区高科技产业在江苏和广东两省的投资集中度最高。珠江三角洲地区的深圳、东莞、顺德、番禺、佛山、广州等地已形成台商电子信息产品特别是零组件（如主板、电源、键盘、机壳等）的加工出口基地；而长江三角洲地区则聚集大批电脑硬件厂商，苏州和昆山更成为台湾笔记本电脑在大陆的主要生产基地。全球金融危机后，随着长三角和珠三角地区的投资已日趋饱和，台湾地区对大陆的产业转移继续北进，呈现出福建广东—长三角—环渤海—东北的路线图。2012年以来，随着金融危机导致的全球产业分工体系逆向发展和中国大陆包括劳动力在内的各种要素成本的提高，台湾企业对大陆的投资在向西北、西南地区转移的同时，也出现了向越南、柬埔寨、印度等东南亚、南亚国家转移的势头，目前这种势头有成为趋势的可能性。

3. 产业链的整体转移

台湾地区的产业转移不同于欧、美、日的经验是，台湾地区产业的转移呈现出产业链条的整体转移。实际上，一家台企的外移，往往会带来一连串配套厂商，甚至牵动一个产业链转移。以往台商产业链转移多数是"龙身"牵动"龙头"、"龙尾"，21世纪开始"龙头"开始起主导作用，由"龙头"牵动"龙身"、"龙尾"转移到大陆。早期台商投资大陆，多数是中小台企先过来"探路"，"龙尾"带动"龙头"过来，"龙尾"、"龙头"来了，"龙身"自然过来了。比如早期大陆台商主要从事下游工业生产，然后带动了上游原材料的需求，20世纪90年代中期供应原材料的大型石化企业逐步到大陆设厂。

4. 台湾地区产业升级的经验与存在的问题

从台湾省产业转型与升级的成功经验看，20多年推动产业升级的主要方式，是产业外移和内向发展相结合，外移主要是制造业，内向发展主要是发展高端服务业。

一是现代服务优先发展。台湾地区第三产业蓬勃发展，金融、保险等服务业十分发达。1988年时台湾地区第三产业产值占GDP的比重已达50.1%，首次超过第一产业和第二产业之和。到1999年时台湾地区第三产业产值占GDP的比重已高达64.25%，接近发达国家或地区的水平。近几年来，台湾当局为寻找经济发展的再突破，提出建设"亚太营运中心"计划、"南向计划"以及最新兴起的"新南向计划"，积极推动台湾地区海运空运、金融、电信、媒体等服务业的发展。目前金融业、保险业、建筑业在服务业内以及占GDP的比重均大幅度上升。

二是劳动力就业结构的转变。一般来说，随着产业转移升级的不断推进，第一产业的就业人口比重将不断减少，第二、第三产业的就业人口比重将不断增加，台湾地区的产业转移与产业升级也遵从这一规律。在台湾地区，1952年农业部门劳动力就业量占整个劳动就业量的

56.6%，到 1999 年这个比例就下降到仅仅只有 5.36%。而工业部门的就业比例到 80 年代初已超过其他两个产业，此后虽然工业部门的就业比例有所下降，但其增长的态势并没有停止或者下落的迹象，这充分说明了工业内部的有机构成已得到了较大提高，技术水平已经升级。而同一时期服务业就业比例已从 1952 年的 27% 上升至 1999 年的 54.51%，之后至今这一比例持续稳步提高。

三是出口导向型产品结构进一步优化。1986—1999 年的 13 年间，高科技产品的出口金额已由 1986 年的 1098.6 亿美元增加到 1999 年的 6390.5 亿美元，平均每年递增达 14.5%，占出口份额的比例也由 27.6% 上升至 52.5%。之后至今高科技产品的出口份额一直稳步提高，目前接近 70%，而非高科技产品的出口每年仅递增 5.5%，比重由 72.4% 下降至 47.5%，显示出台湾地区出口导向产品结构的优化。

四是资本密集型产业和高科技密集型产业成长迅速。20 世纪 80 年代中期后，台湾地区实现了从传统的劳动密集型产品和粗放式的经营中转移到以技术和资本密集型产品为主的集约化经营，高科技产业不断涌现，主导了制造业的发展方向。一大批新型企业的诞生和成长，尤其是资讯业的投资与发展，使台湾地区经济找到了新的增长点。

当然，台湾地区的产业升级转型也存在不少问题，有些结构性问题甚至至今还难以解决，需要较长时间去解决。这说明台湾地区的产业结构升级并没有彻底完成，结构根本性转变和产业技术实质性升级有待进一步深入，新的国际比较利益优势也未完全确立，国际竞争力也在持续下滑。具体表现在以下几方面。

一是传统产业陷入困境。进入 80 年代之后，传统产业裹足不前，升级缓慢。制造业内部的发展呈现出严重的两极分化，造成传统产业陷入困境的主要原因，是台湾当局虽然将传统产业的技术改造列为产业升级的内容之一，但重视的程度远远不及高科技产业，对传统产业的投入寥寥无几，而且传统产业多为中小企业，中小企业靠自身小规模投入研发想实现升级基本上是无效的。

二是技术创新能力不足的问题。以制造业为例，1991—1997 年制造业 R&D 经费占营业额比重的年平均值，美、日、英、德等工业国家分别为 4.0%、3.5%、2.3% 与 4.2%，韩国为 2.5%，而我国台湾地区仅为

1.0%。小企业中，仅有 1.2%的厂商从事研发活动。由于技术创新能力不足，使得台湾地区高新技术产业只能采取"紧跟"战略而难以超越发达国家，仅信息产业一项每年对外支付的专利费就高达 15 亿美元左右。

三是新的国际比较利益优势尚未完全确立。台湾地区电子信息产业多集中在监视器、电源供应器、键盘、鼠标等个人电脑的少数硬件部件的生产和整机的组装上，技术含量终究有限，加上电子信息产业的产品生命周期短，投资风险大，产业发展容易呈现不稳定状态，使得台湾地区资讯电子业产品极容易受激烈竞争的国际市场的影响。

另外，台湾地区在 90 年代中期为实现经济转型，提出了建设"亚太营运中心计划"，2000 年后又提出"南向计划"。其内容分为制造业中心、海运转运中心、航空转运中心、金融中心、电信中心和媒体中心，核心是制造业中心、海运转运中心和金融中心。在金融管理体制、金融市场培育以及境外金融市场等方面，台湾地区与新加坡均有较大差距，而其所选择的金融中心功能又与之十分相似，缺乏自己特色，难以形成强有力的竞争。目前外商银行在台湾地区金融市场的占有率有限，为 7%—8%，而且这些外资银行在台湾地区设立分支机构的目的，主要是以台湾地区为跳板，放眼大陆市场。加之台湾当局对两岸金融往来的管制措施，限制了台湾地区境外金融市场的发展空间，制约其作为亚太区域"金融中心"的形成。

二　香港产业升级的经验与存在问题

第二次世界大战后，香港经济出现了奇迹般发展，只用了几十年时间，就进入发达国家或地区的行列，香港经济发展被人们称为亚洲一条小龙。由于香港与深圳一河之隔，香港的发展一直是深圳的学习对象，同时 1979—2000 年深圳的发展一直依靠香港的带动，香港的产业升级与转型与深圳的发展紧密相关、息息相通。

（一）二战以来香港产业发展过程和特点

香港作为一个没有任何自然资源的城市经济体，它的经济腾飞和产业发展非常具有特色。

香港抓住三次全球产业转移大力发展相关产业，实现了产业的转型升级。第二次世界大战结束后，世界进入了人类历史上最长的稳定发展时期，迄今为止先后经历了三次全球性的产业转移（图 3—1），完全重塑了人类的经济版图。20 世纪 60 年代后，美、日、西欧等工业发达国家或地区，为了应对人口增长率下降导致劳动力短缺以及工人工资上涨、社会福利支出增加等带来的不利影响，通过发展钢铁、化工、汽车和机械等出口导向型资本密集工业，提升了自身的产业水平，并同时将劳动密集型的产业转移出去，同步实现了产业结构调整升级与转移。20 世纪 70 年代，两次"石油危机"的出现促使能源、矿产资源等初级价格上涨，严重损害了美、日、西欧等发达国家的重化工等资本密集型行业的发展能力，这些发达国家由此纷纷转向发展技术密集型产业。20 世纪 80 年代，科技革命、信息技术的兴起对世界经济产生了革命性的影响，高科技产业成为美、日、欧洲等发达国家的新产业，于是它们进一步将劳动、资本密集型产业转移出去。而香港地区紧紧抓住这三次国际产业转移机遇，通过接受转移发展自己的产业形成了"亚洲四小龙"之一崛起的主要路径，也是产业转型与升级的基本路径。香港地区正是因为抓住了这些机遇，才保持了长期的经济高速增长，实现了向发达经济体的跃升。也同样是因为没有抓住 2000 年以来的以信息技术产业为代表的新经济发展机遇和新的全球化趋势而陷于增长停滞。

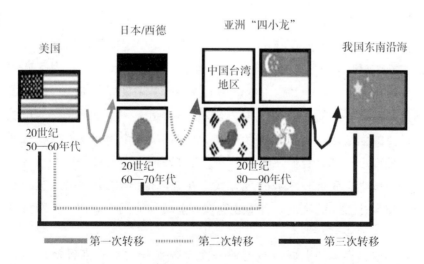

图 3—1　第二次世界大战以来全球的三次产业转移以及涉及的主要国家和地区

资料来源：CEIC，中金公司研究部。

考察香港产业发展的历程可以看出，正是这三次全球性产业转移，为香港经济的持续腾飞提供了源源不断的动力。第一次产业转移中香港承接了劳动密集型产业，第二次产业转移中香港发展了资本密集型产业，第三次产业转移中香港发展了标准技术型与资本密集型产业。30年内发生的这三次全球产业转移，让香港在短短的 20 多年时间内就迅速地崛起为一个富裕的发达经济体，如图 3—2 所示。

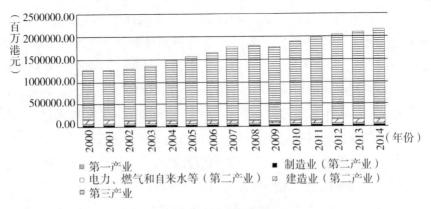

图 3—2　香港产业结构变迁

资料来源：CEIC，中金公司研究部。

为什么香港能抓住全球产业转移的机遇实现产业转型与升级？一个重要的原因是，香港政府在恰当的时机制定了恰当的经济发展政策。20世纪 60 年代前，香港在经济发展方面实行进口替代战略，为本港的经济发展抢占了先机，并为资本市场的发展打下了良好基础。经济制度方面，香港政府对经济采取自由放任政策，营造了一个自由宽松的市场环境。高效廉洁的政府、健全的法制、成熟的资本市场和良好的产权保护等对外商投资都有着很强的吸引力。香港政府大力发展外向型经济，引进国外资本、先进技术和管理方式，在香港的 GDP 中进出口贸易额长期占据高达 1/5 的比重。香港政府在产业转移浪潮中对初、中级教育的支持，对于香港经济的腾飞也功不可没。

当然，事物的发展也有另外一面。1998 年之后香港经济发展遇到的困难与问题，恰恰也是因为没有跟上世界产业发展的潮流以及香港自身产业的空心化。得益于 20 世纪 60 年代始的三次国际产业转移，香港抓住了每次产业结构升级的机遇，从发展劳动密集型产业到资本密集型产业，最后到劳动、资本密集型与技术型产业，成功地实现了产业升级。但如今香港的产业结构中，第一产业连零头都够不上，第二产业所占比重也只有区区 3% 左右，香港经济几乎完全依赖服务型产业，产业结构上出现明显的畸形。

纵观全球经济发展势头良好的发达国家，并没有哪个国家或地区会完全摒弃第一产业和第二产业。以美国为例，美国在其经济发展的过程中，不断地升级自身的产业结构，将低附加值的劳动密集型、资本密集型等产业都转移到了其他国家，尽管如此，美国并没有放弃农牧业，更没有停止发展先进制造业。美国的第一产业尽管只占 GDP 的约 1%，但美国的农产品不仅能够自给自足，每年还有大量农、牧产品销往国际市场。美国的第二产业比重近年来随着产业升级持续走低，但始终保持在 20% 以上，转移海外的更多是低附加值的产品。2008 年的金融危机发端于美国，给美国经济以沉重打击，美国应对的策略之一就是再工业化，美国于 2009 年开始实施制造业回归政策，发展高端制造业，在 2012 年提出了"先进制造业国家战略计划"。这一轮美国经济在全球各经济体中率先复苏，最大原因就是制造业的回归与复苏。此外，德国、日本等发达资本主义国家，也纷纷提出了自己的制造业振兴计划，2013 年德国提出了"工业 4.0"概念，预计投入 2 亿欧元；日本也提出了相关计划，目前日本政府正在大力推进。

与此形成鲜明对照的是，目前香港特区的制造业严重空心化，2014 年底香港制造业占 GDP 的比重居然不到 1.5%，第二产业占 GDP 比重不到 3%（图 3—3），这样的规模几乎可以忽略不计，比起美国占 GDP 12.1% 的制造业规模和德国占 GDP 22.6% 的制造业规模，确实存在巨大差距，也因此让香港特区基本失去了"再工业化"的可能。

正是因为这种畸形发展，目前香港特区经济构成几乎都是第三产业，而第三产业也主要集中在金融、地产、进出口贸易和旅游等几个细分产业，这四个细分产业的产值占了香港特区 GDP 的 50% 以上。如图 3—4 所示。

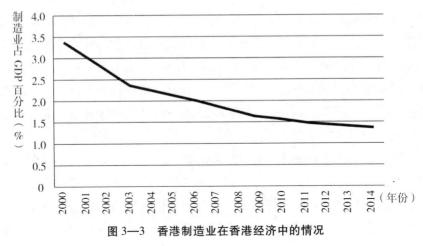

图3—3　香港制造业在香港经济中的情况

资料来源：CEIC，中金公司研究部。

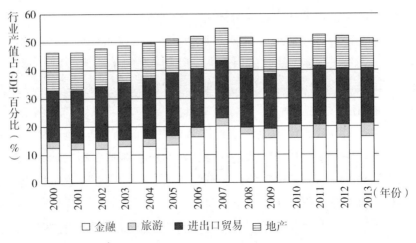

□ 金融　□ 旅游　■ 进出口贸易　▤ 地产

图3—4　香港第三产业中各行业发展对比

资料来源：CEIC，中金公司研究部。

　　科研与创新的缺失，使得香港未来的产业升级与转型缺乏基本支撑。从图3—5可以看出，香港在科研和创新方面，与新加坡、深圳存在巨大差距。首先香港的研发强度仅为0.7%，是新加坡的1/3，深圳的1/5；其次香港的研究开发主体主要是教育机构，产业界涉足很少，企业创新动力严重不足；再次，每千人中的R&D人员仅为3人，而深圳是17人；最后，即使是在香港擅长的金融领域，香港也没有跟上世界潮流，表现在传统金融业发达而与创业相关的风险投资业方面，香港差距巨大。与深圳相比，两地投资者对风险投资和创业板市场的认可度真是天壤之别，深圳的投资者非常推崇创业板上市企业，而香港投资者可以说基本上不认同创业板市场和创业投资行为。

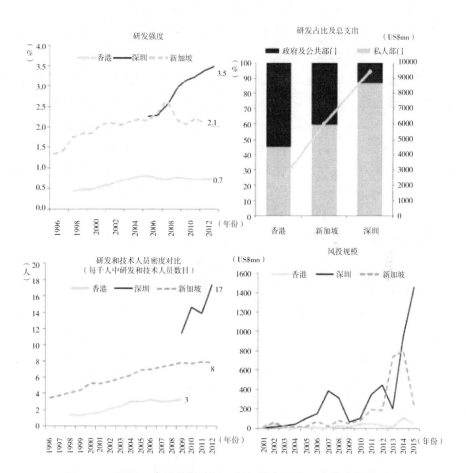

图 3—5　深圳、我国香港地区、新加坡在研究开发等方面的对比

资料来源：CEIC，中金公司研究部。

（二）香港地区产业结构发展演变与转型升级路径

香港地区产业结构发展演变可以分为两个时期，第一个时期是中国改革开放之前，这也是香港地区经济比较成功的时期；第二个阶段是改革开放之后，这个时期香港地区在经济和产业升级上的成功与失败同样非常具有代表性。

1. 中国改革开放之前香港地区产业结构发展演变

第一个时期可以划分为三个阶段。

第一阶段是转口贸易为主阶段。香港由于优越的地理位置，天然良港的条件，促使香港地区发展经济的起点选择了转口贸易。1842 年英国占领香港以后，利用香港地区得天独厚的自然地理环境，推行自由港贸易政策，在各项政策对策吸引下，世界各国的货物、资金、人才，逐步涌入香港，转口贸易迅速发展起来，同时又带动了与转口贸易配套的航运、港口、仓储、银行、保险、邮电、通信等行业。从 19 世纪 40 年代开始到 20 世纪 40 年代后期，香港地区经济主体基本上是以转口贸易为主。

第二阶段是以制造业为主的工业化阶段。1951 年朝鲜战争爆发，在美国操纵下的联合国对中国实行"贸易禁运"，香港地区对内地的出口及内地对外出口突然停滞。面对危机，香港地区积极调整产业结构，出台经济政策，迅速转入以轻纺工业为龙头的工业化产业结构。

第三阶段是以制造业为主的工业化经济到大力发展服务业的多元化经济阶段。20 世纪 70 年代以后，西方国家出现经济衰退迹象，市场需求萎缩，同时随着香港地区制造业成本的不断上升，原先的劳动密集型产业已经不再适应经济发展要求，新形势要求产业结构必须做出调整。在这个阶段，香港的劳动密集型企业纷纷转移到珠三角地区，香港自身则开始发展以金融、物流和商务为代表的服务业，实现了经济发展多元化。

2. 中国改革开放后香港地区的产业转移与升级

这个时期也可以分为三个阶段。

第一阶段是从 20 世纪 80 年代开始到 1995 年左右。随着内地的改革开放，内地生产成本低廉，香港制造业大规模转移到珠三角等地区发展，包括电子、玩具、服装、纺织、塑料、印刷等工业行业。这些产业利用香港已形成的海外贸易窗口优势，承接海外订单，向内地供应原材料、元器件，控制产品质量，进行市场推广和对外销售，扮演"店"的角色；珠三角地区则利用土地、自然资源和劳动力优势，进行产品的加工、制造和装配，扮演"厂"的角色。香港在前、珠三角在后，形成了"前店后厂"的分工模式，由于这种模式充分利用了两地的比较优势，促进了两地经济迅速发展。

第二阶段是20世纪90年代中期以来至2005年。以香港为基地而在广东省从事生产的企业陆续向大长三角转移，形成珠三角与长三角并进的转移趋势。目前香港仍是广东最大的外资来源，但长三角逐步显现出迎头赶上的势头。港商认为珠三角在整体营商环境占有优势，但珠三角在基建和支持服务，以及社会文化和自然环境两方面得分相对长三角来说显得偏低。与第一阶段产业转移相似的是，转移的产业仍以劳动密集型等低附加值产业为主。

第三阶段是2006年以来至今。继香港的制造业几乎全部转移出本港以后，由生产带动的生活性服务业，也已发展成为香港转移的一支生力军，并呈现迅猛发展的势头。特别是自CEPA实施以来，香港企业北上拓展服务产业十分踊跃。涉及的服务业为物流分销、金融、律师、会计、影视娱乐等领域，其中又以物流分销为主。一大批物流企业已在广东乃至内地成立独资企业，争占内地广阔的服务业市场。

通过上述对香港产业结构发展演变的分析可以看出，香港产业升级路径是跨越式地走向现代服务业。香港采取的策略是通过产业转移延续产业优势，由于香港的传统产业失去了低劳动成本优势，于是通过大规模投资内地的方式延续发展这些产业。与此同时，香港本地通过发展与五大中心（贸易中心、金融中心、航运中心、旅游中心及信息中心）相一致的高级化生产和消费综合服务业的成长，使得香港成为许多跨国公司的亚太总部和采购中心。不仅出现了一大批为第一产业和第二产业服务的服务业，而且涌现了一大批为服务业服务的项目和机构，逐步形成了"服务业中的服务中心"。

值得特别注意的是，香港的制造业只完成了产业转移，而没有完成产业升级，发展毅然停留在以依靠降低生产成本维持短期竞争力为主的阶段，没有能够及时进入以知识和技术为主的发展模式，因而香港工业结构的升级换代和转型速度是十分缓慢的，最终的结果也非常令人担忧。

3. 香港产业转移的特征

香港产业转移有如下几个特征。

一是"前店后厂"模式 。"前店后厂"模式一度取得了巨大的成功，由于这是一种粗放型的模式，是一种自发的、小规模的、分散的、短线的互补合作，因而存在着不少弊端。随着珠江三角洲地区土地、劳动力和生产成本的逐步提升，该区域产品的价格优势也将逐步消失，旧的产业合作模式基础趋于削弱。因此，"前店后厂"模式本身也面临着升级换代的巨大压力。

二是从劳动密集型向服务业转型。香港制造业的产业转移并没有同时推进产业升级，因而制造业仍停留在传统劳动密集型等低附加值状态。但制造业的北移为香港产业转型腾出了巨大空间，推动香港逐步从以出口加工业为主的经济转向以金融、贸易、物流、旅游以及专业服务业为主体的服务型经济。因此，随着内地对香港服务业的逐步开放，香港在大陆的产业转移有向服务业转型的趋势。

（三）产业转移与升级的成效与问题

制造业的转移使得香港转向金融、贸易、物流、旅游以及专业服务等服务业领域发展。目前香港服务业总产值占香港本地生产总值的比重已超过90%，服务贸易出口总值位列全球前十名，香港已经成为可与纽约、伦敦、东京等国际商业大都会比肩的世界服务业之都。

目前香港服务业的集聚效应非常显著。大量服务机构在香港的集聚，使企业的各种服务需求都能在此得到满足，带动了上下游及相关的服务机构来香港落户，服务的交易成本不断降低，形成了良性循环，配套越来越完善、领域越来越齐全，并逐渐成为全球服务业集聚度最高的地区之一。但是，香港的产业转移没有与产业升级同步，只有产业转移没有根据自身特点的转型和升级，这是目前香港经济陷入困境的重要原因。具体表现在：

一是产业转移没有伴随着产业升级。香港的制造业在产业转移的过程中没有同步实现产业升级。香港转移到珠三角的几万家企业绝大多数依然是出口劳动密集型产品的加工厂，缺少自主创新和自有品牌。原因之一，是香港背靠内地，"地利"优势使香港制造业在没有进行升级的情况下就往珠三角转移，通过珠三角的低成本优势延续了低水平发展局面，在缓解了产业升级压力的同时，也失去了产业升级的机遇。

二是实体产业空心化严重。香港的制造业尚未完成升级转型，就大规模地转移到内地。然而亚洲金融风暴的来临，使得支撑香港经济的房地产业、金融业、运输业及服务贸易受到重创，房地产业一蹶不振，证券市场受到很大冲击，"产业空心化"的问题变得空前严峻。香港一贯奉行自由市场的准则，政府对市场采取不干预态度，使得香港产业结构的调整，因为缺乏政府政策的有力配合，与技术进步脱节，没有适时地完成产业升级。与此形成鲜明对照的是，韩国和新加坡则在政府的大力扶持和引导下迅速地实现了产业升级换代。如图3—6所示。

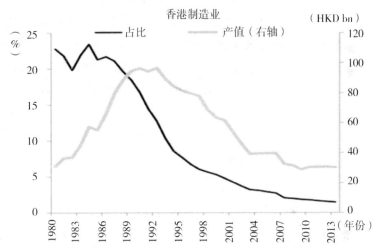

图3—6 香港的劳动密集型制造业向大陆转移后工业空心化状况

资料来源：CEIC，中金公司研究部。

三 新加坡产业转型升级的做法与经验

新加坡独立以后，政府主要的任务是大力发展经济，改善国民生活。新加坡发展经济充分利用了本地的比较优势，突出发展加工工业和服务业，之后又不断提升产业结构，增强产业的国际竞争力，抵御了各种风险的冲击，使得新加坡的经济保持了长期健康、稳定、快速的增长，成为"亚洲四小龙"中最健康、最有活力的经济体。

（一）新加坡的产业升级发展过程

新加坡的产业升级过程可以分为五个阶段。

第一个阶段是从转口贸易转向进口替代工业的发展阶段。第一阶段是1959—1965年，这一阶段是新加坡执行第一个五年计划（1961—1965年）时期。主要特点是发展劳动密集型工业，实行进口替代经济发展策略。20世纪50年代末之前，新加坡的经济发展主要依赖于转口贸易，但是随着东南亚国家在 20 世纪 50 年代末期纷纷开展直接的进出口贸易，使得新加坡转口贸易额急剧下降。针对这一困境，新加坡政府提出了实行工业化的经济发展战略，以进口替代工业来改变对转口贸易的依赖。

第二阶段（1965—1970 年）是进口替代转向发展出口工业阶段。1965—1970 年新加坡执行第二个五年计划，重点发展出口工业，实行由进口替代到出口导向的经济发展策略，制造业开始高速发展。1965 年新加坡脱离马来西亚成为独立国家，进口替代失去了马来西亚这块市场，但由于此时西方发达国家经济正处于持续高涨期，劳动密集型出口工业向发展中国家转移，新加坡利用了这一国际机遇，开始重点发展造船、电子和炼油三大支柱产业。从 1965 年到 1970 年新加坡国内生产总值由 27.8 亿新元增加到 51.07 亿新元，年平均增长 14%。1970 年制造业和贸易两大产业增加值占国内生产总值的比重分别达到了 19.72% 和 30.12%。[1]

第三阶段（1971—1979 年）是产业结构的重组阶段。20 世纪 70 年代末期新加坡出现了劳动力短缺，特别是熟练工人的短缺，劳动密集型出口工业失去了比较优势。1979 年提出了在经济领域进行"第二次工业革命"，通过制定并实施一系列的政策和措施，促使企业实行产业结构升级，大力发展资本、技术密集型的出口工业，逐步淘汰劳动密集型的企业，重点发展金融服务业。1979 年新加坡的金融服务业已占到国内生总值的 40%，运输与通信业占 14%。[2]

第四阶段（1979—1984 年）是经济发展新方向时期。20 世纪 70 年代由于贸易保护主义抬头，加之国内劳工短缺，新加坡为了应对这一变局，推出一系列财政政策和金融政策，鼓励企业提高自动化程度，尽可能淘汰劳动密集型生产方式，实行资本密集型生产方式。新加坡政府提出在发展资本、技术密集型出口工业的同时，着重转向优先发展有增长潜力的服务业，以使新加坡发展成为东南亚和亚太地区的区域性服务中心。

---

① 深圳市统计局编：《新加坡社会经济统计资料（1957—1990）》，第 5 页。
② 同上书，第 6 页。

第五阶段是以知识经济为主的产业发展时期。1997—1998年的亚洲金融危机、美伊战争以及欧、美、日等世界主要市场需求不振等问题，给新加坡经济带来了不利影响。为应付这种衰退，新加坡开始进行大规模的结构性变革，在注重投资和效率的基础上引入创新，重组经济，使新加坡经济向更富有创新精神的知识型经济方向转变，从而应对不断变化的外部世界经济环境。新加坡产业发展变化情况如图3—7所示。

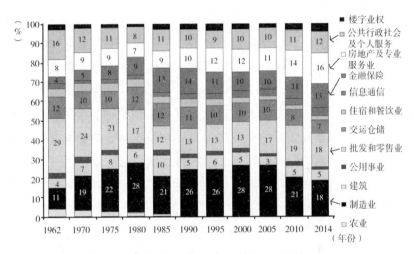

图3—7 1962年以来的新加坡经济结构变化情况

资料来源：CEIC，中金公司研究部。

（二）新加坡推动产业升级的主要做法和成效

从1960年至今新加坡实现了十年一次的产业升级：从最初的蚊香、假发等劳动密集型产业到制药、造船、化工等资金、技术密集型产业，到目前的晶圆、水务等知识密集型产业；从出口导向型的制造业，到制造业、服务业并举，成为全球最具竞争力的商务中心。

新加坡的主要做法是：

一是发展总部经济。随着新加坡经济的发展，劳动力成本不断提高，大量的工业需要升级、转型、转移。在产业转型和转移过程中，新加坡依然是根据本地的比较优势发展服务，特别是总部经济。鼓励跨国公司在新加坡从事生产以外的业务，推广制造方面的服务如采购与测试，并大力吸引独立的服务项目，如物流管理等。新加坡已经成为东南亚乃至全球最为著名的总部聚集地之一，在全球贸易和国际金融业务中发挥着举足轻重的作用，几乎所有的域外跨国公司都选择新加坡作为进军东南亚的桥头堡，也有越来越多的跨国公司在新加坡设立地区总部来实施其海外扩张战略。最新统计显示，全球有6000多家跨国公司的区域总部设在新加坡。

二是政府的积极、直接干预政策。新加坡是一个主权独立国家，它强调经济的发展和民族的振兴，因而更重视产业结构的合理性和不断的升级转型，以便紧跟世界经济发展的潮流。新加坡政府通过经济发展计划、直接及间接的投资、实行优惠政策吸引外资等种种措施，推动经济发展及产业的转型，引导劳动密集型产业转移，从而建立起相对合理的产业结构。与我国香港地区完全转移制造业不同，新加坡一直都很重视制造业的发展，制造业的产值比重维持在25%的水平。为加快制造业的行业重组，将劳动密集型的企业转移到成本较低的亚洲邻国，新加坡则集中发展高附加值的资本密集型和技术密集型的制造业。

当然，新加坡在产业升级与转型中存在问题，主要是由于推行"高服务、高发展"战略，严重制约了新加坡高新技术产业的发展。1985年新加坡实行"高工资"、"高成本"战略，希望通过推动劳动力成本上升的政策加速劳动密集型产业的剥离，同时吸引高技术含量的产业。但是工资的膨胀适逢世界经济滑坡，一方面国际需求减少，另一方面国内制造业成本大幅增加，削弱了其产品在国际市场上的竞争力，1985年新加坡经济出现了新中国成立以来的首次负增长。

四　韩国产业升级与转移经验

（一）韩国产业发展演变过程

自20世纪60年代以来，由于美国的援助和自身的发展，到20世纪80年代时，韩国已进入中等发达国家。考察韩国经济发展，其经济发展大致经历了三个重要阶段。

1945—1960年是韩国从经济混乱到经济稳定阶段，1962—1978年是经济起飞阶段，20世纪80年代后是经济转型与稳步增长阶段。韩国经济发展起步于20世纪60年代初，基于本国劳动力资源的优势，实行出口导向的外向型发展战略，重点发展轻工等劳动密集型产业，凭借其劳动力资源丰富、工资水平低、劳动力素质高等优势，成为全球劳动密集型产业转移的重要承接地，使韩国经济在短时间内迅速成长起来。第二阶段（1962—1978 年），韩国产业结构向重化工业转变和不断深化，重化工业取得迅速发展。这一阶段韩国利用发达国家资本密集型重化工业向新兴发展中国家转移的机遇，开始由劳动密集型产业向资本密集型产业升级。到 1980 年政府主导的重化工业发展完成了预定目标，重化工业在制造业中比重上升到 50% 以上。同时，在这一阶段韩国的金融政策发挥了重大作用，为国外贷款提供担保、利率改革等一系列经济政策陆续实施。进入 20 世纪 80 年代后，韩国经济发展进入第三阶段，韩国政府对传统重化工业产业进行技术升级，形成出口主力产业。同时对精细化工、精密仪器、计算机、电子机械、航空航天等战略产业予以重点扶持，并将电子信息、新材料、生物工程等新兴产业作为未来积极发展的产业。20 世纪 90 年代以来韩国将电子信息产业作为新的发展重点，带动了第三产业的发展。1998—2001 年韩国 IT 产业附加值的年均增长率达 16.4%，IT 业占 GDP 的比重也从 1997 年的 8.6% 增长到 2000 年的 12.3 %，同时国内制造业企业出现向服务业转移的趋势。图 3—8 是韩国三次产业变化的情况。

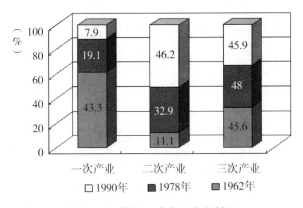

图 3—8 韩国三次产业变化情况

资料来源：深圳市统计局编：《南朝鲜社会经济统计资料 1960—1990》，第 69—70 页。

（二）韩国产业升级的路径、方式与动因

韩国 20 世纪 60 年代曾大力发展过纺织、制鞋、服装等劳动密集型产业，但随着劳动力成本提高，韩国逐渐将这些劳动密集型产业转移到劳动力成本较低的地区。而韩国目前具有一定国家竞争优势的汽车、电子、钢铁、造船、石化和机器制造等资本密集型产业，为了降低成本，已经在采用水平分工协作的方式转包一部分零部件生产到中国。转移由最初的以中小企业为主，转变为中小企业与大企业、大财团并驾齐驱。

1985 年至 1992 年，韩国企业对华投资平均每个项目的金额只有 65万美元。2000 年后，进军中国的大企业、大财团明显增多。三星、现代、LG、SK 等大公司已经将中国法人视为"第二个总公司"。转移地域由最初的主要集中在青岛、上海、沈阳、天津等大城市，开始向大城市周围的中小城市和中西部地区转移。一般来讲，韩国中小企业主要向中国的中小城市转移，大企业主要向大城市转移。转移动因由最初的为了降低劳动力成本而到中国投资，转变为为了开拓中国这个大市场。

（三）韩国产业升级的主要特点

韩国经济跨越式发展背后的根本推动力是韩国产业的压缩型发展。所谓"压缩型"发展模式是指韩国产业在短时间内实现了迅速成长，在几十年里完成了欧美发达国家几百年走过的路程。韩国的这种产业升级路径可以概括为：大企业集团主导、出口导向、政府积极介入。

一是大企业集团主导。韩国产业发展的一个突出特征就是大企业集团在经济发展中占据主导地位。韩国大企业集团成长主要有以下途径：靠对水泥、化工、钢铁等产业的支援政策形成大企业；部分企业运用贷款低价接管经营不良的贷款企业，并以此为基础得到政府支持，加速扩张；部分大企业抓住了越南战争特殊需求的发展机会。

二是坚持出口导向。韩国经济实现高速增长的重要原因之一就是实行了有效的政府指导下的出口导向型发展模式。韩国出口导向型模式是根据国内外两方面情况做出的战略选择。韩国自然资源匮乏，需要外汇来进口粮食和自然资源；国内市场狭小，资金和技术短缺，劳动力供过于求。推行"贸易立国"方针，以出口为经济发动机带动经济增长和产业结构提升。

三是政府积极介入。韩国产业经济的特点是政府主导型市场经济，主要体现在对生产要素的配置上。政府连续制订了经济发展的五年计划，是韩国经济发展计划的主体，是韩国产业发展的总纲，涵盖了各个时期的产业政策和产业发展战略。

第三节 "亚洲四小龙"产业转型与升级的特点与反思

"亚洲四小龙"在产业升级的过程，政府的作用主要是引导，通过产业政策，政府支持本土企业向外扩张，在产业升级过程中，需要政府的引导作用，但政府的引导不能替代市场主导作用。香港的情况稍有不同，香港由于实行的是积极不干预政策，香港产业升级与转型主要是受中国内地开放政策的影响和牵引。

"亚洲四小龙"的经济腾飞起步于20世纪60年代，创造了令世人惊叹的"东亚奇迹"。韩战结束后，香港地区、新加坡、台湾地区和韩国成功抓住西方资本主义国家产业结构调整的契机，承接了美、日等发达国家的三次产业转移，融入全球经济体系之中，搭上这三次产业结构升级带来的经济发展机遇，成功跨入世界发达经济体行列。纵观"亚洲四小龙"在1960年后的经济增长史，不难发现，尽管"亚洲四小龙"的经济增速在短期内时有波动，但从长期来看，经济增长是渐行渐缓的。以香港为例，曾经在20世纪60年代创下年度增速20%的神话，之后经济增长速度逐渐降低，1998年亚洲金融危机后步入常态化增长，如今的经济增长率已连续三年不及3.1%（图3—9）。

1997—1998年的亚洲金融危机，是"亚洲四小龙"经济发展的转折点，"亚洲四小龙"都受到危机的重创，经济从长期持续的高速发展状态下戛然而止，"东亚奇迹"的神话也随之终止，四个经济体的经济增长都无一例外步入放缓期。1998年和2008年的两次金融危机，"亚洲四小龙"无一幸免。1998年的亚洲金融风暴引发了一场长时间的经济衰退，"四小龙"中的三个在1998年都出现了负增长，衰退最严重的当数香港，经济出现了-5.88%的负增长。2008年的金融危机波及范围更广，香港再次成为四大经济体中受到冲击最大的一个，在2009年经济倒退2.46%，两次危及全球的金融危机，留给香港的创伤都是

"四小龙"中最沉重的。但从产业升级的角度来看,"亚洲四小龙"危机之后各自走上了不同的发展道路,因此也就产生了目前不同的发展结果。

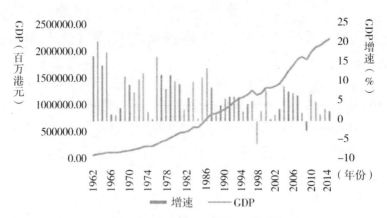

图3—9　1962年以来香港经济增长情况

资料来源：CEIC,中金公司研究部。

香港地区与韩国、新加坡和台湾地区都地处东亚,并称为"东亚奇迹"中的"亚洲四小龙"。但是亚洲金融危机之后,"亚洲四小龙"的经济发展和产业升级受到很大冲击,开始出现分化,其中香港的经济增长率显著低于其他"三小",如表3—2所示。

表3—2　　　　　　香港地区与韩国、新加坡、台湾地区经济
增长速度（比较现价美元增长率）　　　单位：%

国家或地区	1991—1996年	1997—2010年
香港地区	5.3	1.6
新加坡	4.9	5.5
韩国	4.4	7.4
台湾地区	6.9	3.2

资料来源：《中国统计年鉴》、《国际统计年鉴》,中国统计出版社。

为了更好地观察产业升级不同选择导致的不同结果,我们对比一下

1998 年之后香港地区和新加坡的发展情况，可以看出尽管都受到亚洲金融危机的重创，但 1998 年之后各个经济体还是走上了不同的道路，不同的原因就在于产业升级的路径选择。从图 3—10 可以看出，1988 年之后，香港地区的经济增速几乎没有在任何一年超越新加坡。

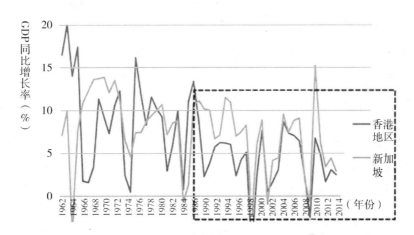

图 3—10　1962 年以来香港地区和新加坡经济增长速度对比

资料来源：新浪财经：《双城记：深圳的崛起和香港的衰落》，2015 年 12 月 5 日。

　　造成"亚洲四小龙"发展差异的原因是很多的，本书不一一分析，只在对比"亚洲四小龙"在 1998 年之后的发展情况下，重点分析一下香港在"亚洲四小龙"中跌落到最后一名的原因。

　　一是制造产业外移。自中国改革开放初期，香港就把 20 世纪 60 年代以来成功发展的轻型制造业向中国内地转移，主要是向珠三角地区进行了大规模转移，而韩国、台湾地区和新加坡自 80 年代以来虽然也有产业外移趋势，但显然不如香港地区在制造业方面转移得如此彻底。所以自 1997 年以来，香港本地的制造业仍然持续不断地萎缩，但与此同时其他"三小"的制造业却还保持了一定的发展速度。根据有关研究，香港本地出口产品的附加值率是 40%，转口的附加值率是 20%，离岸贸易只有不足 8%。在 20 世纪 70 年代，制造业占香港总产出的比重曾高达 30%，直到 20 世纪 80 年代中期仍高于 20%，但是到 21 世纪初已下降到 5%，2010 年已不足 1.7%。从工业产出占总产出的比重看，目前香港已经减少到只有其他"三小"的 1/5—1/4，如表 3—3 所示。因此我们可以断定制造业的长期持续衰退，显然是香港经济增长能力长期下滑的重要原因。

二是自 20 世纪 90 年代中期以来，内地的产业结构变动方向与香港的优势相分离。回顾中国改革开放 30 多年来的经济增长轨迹，前十年具有显著的"轻型化"倾向，主要原因是中国经济开始从计划经济的传统模式中走出来，逐步走上了低积累、重消费的增长轨道，在整个80 年代，中国经济的增长始终呈现出个人收入与轻工业的增长显著超过了储蓄与重工业的增长，而这种增长模式与香港地区向内地大规模转移轻型制造业的过程是高度契合的。特别是在珠三角地区，由于长期地处海防前线，新中国成立以来没有布局重工业，所以轻型工业比重显著高于中国北方地区，就更容易接受香港的轻型产业转移。从香港对内地的投资结构看，60% 的投资投在珠三角，超过 1/3 的企业注册在珠三角，成为拉动广东经济在中国改革开放以来率先起飞的强大动力，而香港企业的产业转移也取得了巨大成功，获得了巨大的投资收益，并带动了香港本地经济的转口、进出口等贸易的高速发展。

表 3—3　我国香港地区与韩国、台湾地区、新加坡工业与制造业指标比较

	工业占总产出比重（%）	制造业指数（1997＝100）
香港地区	7.7（2010）	82.3
新加坡	24.3（2009）	164.4
韩国	36.5（2009）	211.3
台湾地区	31.3（2010）	119.3

资料来源：《国际统计年鉴》，中国统计出版社。

但是中国经济自 20 世纪 90 年代初期开始进入市场经济条件下的新转型，这种转型可以从重工业比重的变动来观察。在 1978 年改革开放刚开始的时候，国民经济中重工业还占工业总产出的近 80%，到 80 年代中期曾一度下降到 45% 以下，但是到 1990 年又回升到 50%。90 年代后期，党的"十五大"推动中国的改革向产权层面发展，开始给中国城市微观经济注入新的活力。到 2002 年下半年开始出现了居民对住房与汽车的爆发性需求，而这两大需求成了拉动中国经济在 21 世纪出现

持续高增长的主要动力之一，而住房与汽车的生产都必须由重工业来支撑，这就引起了中国的工业产出结构"由轻而重"的长期变动过程。从重工业占工业总产出的比重看，到 2010 年已经从 20 世纪 90 年代初期的 50%上升到 71.4%。另外，从珠三角地区看，90 年代以来工业结构也是越来越"重"，广东省 1993 年轻工业比重还高达 2/3，到 2000 年就已经对半，目前则超过了 60%。

但是香港却没有跟上中国内地经济发展的上述变化趋势。香港在向珠三角地区转移了自己的轻型产业后，却没有像其他"三小"那样继续本地制造业的产业升级步伐，而是跨过重化工业阶段，直接迈向了以金融、地产、贸易和文化、旅游、教育等为代表的服务业，这就使得香港的产业结构变动方向，与中国内地 20 世纪 90 年代后期以来的产业结构变动方向明显不匹配，甚至是渐行渐远。由此，一方面内地经济难以继续从香港经济中获得产业升级动力，另一方面香港的服务产业亦难以从内地经济的高速增长中获得动力。

三是经济全球化改变了东亚地区原有的产业与贸易格局，香港经济则由于朝向服务业而难以适应这个变化。90 年代初开始出现了全球化过程，到 21 世纪初全球化加速发展，巨大的外部需求不仅是拉动中国经济高速增长的又一巨大动力，也由于美欧发达经济体的产业资本向中国转移，使中国的贸易结构得到提升。1994 年是中国出口结构的一个转变点，这一年的机电产品出口开始超过传统的轻纺产品出口，到 2011 年，机电产品出口额已经是轻纺产品出口额的 3 倍，占出口比重也从 1994 年的 18%上升到 48%，而这个变化是拉动中国经济朝向重工业发展的重要原因之一。

同时，随着发达国家在制造产业向发展中国家特别是中国的转移，使东亚地区原有的产业与贸易格局发生了历史性的改变，主要表现为发达国家的制造产业，利用中国发达的基础设施与廉价而熟练的劳动力，建立起新的全球装配制造业中心，而日本、"亚洲四小龙"和东盟诸国则与中国展开制造业内部的水平分工关系，负责零配件的供应，这样长期以来东亚地区各经济体对美欧的贸易，大量转变成与中国的贸易，中国对美欧的贸易则急剧增长，并形成大量顺差。因此近 20 年来，特别是近 10 年来东亚地区与中国的贸易增长，是围绕着这种新的产业分工联系而展开的，但是香港由于制造业萎缩，与内地在制造产业联系方面日益松弛，香港与内地的贸易就难以出现 20 世纪 80 年代那样的高速增长。例如，1995—2011 年中韩贸易增长了足足 20 倍，同期内地与香港的贸易只增长了不足 6 倍，而导致中韩贸易获得高速增长的主要原因，就是中国机械电子工业的发展，需要从韩国大量输入零配件。

四是中国产业结构的变化，又带来了区域结构的变化，而这种变化对香港的服务产业也有着明显的负面影响。改革前 30 年，中国经济的空间结构特征一直都是"东轻西重、南轻北重"，即工业结构越往南往东就越"轻"，相反北部和西部的重工业比重更高。在中国改革开放 30 年的前半期，由于经济结构的"轻型化"倾向，就使得国内需求集中指向了珠三角这个轻工业比重高的地区，加之香港对珠三角地区的轻型产业转移，使珠三角的轻工产业优势更加明显，因此使广东省的经济增长得以在长期内领先全国。但是进入 90 年代中后期，随着中国产业结构朝向重化工业，需求重心就开始向珠三角以北地区转移，这种"经济增长极北移"的现象，使工业、贸易与投资活动都不断向珠三角以北的中国东部沿海地带，尤其是向长三角地区转移，由于香港在地域上远离中国新的经济增长极，香港的服务产业优势就更加难以发挥。

20 世纪 90 年代后期以来，中国经济增长极向北移动，特别是向长三角地区移动的趋势是极为明显的。珠三角地区在中国东部沿海发达地区经济比重的显著下降，当然主要是因为香港是发达经济体，因此经济增长速度缓慢。从工业总产值看，2010 年广东是 8.6 万亿元，而江苏是 9.2 万亿元，因此从工业规模看，广东已经被江苏超过。由于重工业是高附加值的资本与技术密集型产业，而轻工业是低附加值的劳动密集型产业，因此重工业比重高的地区，其人均附加值也会高于轻工业比重高的地区。2011 年江苏省的重工业比重是 73.4%，而广东是 61.5%，因此江苏的人均工业产值就比广东高出了 46%，最终反映为 2011 年江苏的人均 GDP 比广东高出了 22.6%。而广东在全国工业中的地位下降，对香港服务业的发展就具有长期影响。

五是香港服务业难于和内地的实体经济发展相结合，也直接受到珠三角地区的基础设施日趋发达，服务业发展日趋成熟，服务业逐渐本地化的巨大影响。例如，2011 年广东省的进出口贸易已有超过四成不经过香港而由本地直接出口，2000 年广州港的货物吞吐量还刚刚超过香港的一半，但是到 2011 年已经比香港高出 1/3。目前，珠三角地区正在兴建高铁网络，建成后在半径 300 公里范围内将形成"一小时都市圈"，将整合进珠三角范围内的所有主要城市，由于基础设施更发达，产业联系也更紧密，估计服务业脱离香港而更加本地化的倾向也会更加明显。

由于 20 世纪 90 年代后期以来珠三角地区贸易的本地化趋势，香港的转口贸易增长率到 21 世纪初就到达了顶峰，其后就不断滑落，1991—2000 年是年均 12.9%，2001—2005 年是年均 8.7%，2006—2011 年则是 7.5%。转口贸易下滑也促使香港转向新的贸易方式，就是发展服务于内地的离岸贸易。有分析说明，香港的离岸贸易额已占到内地贸易总额的 13%—14%，但正如前面分析指出的，离岸贸易方式的附加值率远低于本地产品出口和转口贸易方式，2010 年只有 6.7%，因此贸易方式的变化虽然是香港寻找新经济增长动力的重要举措，却不是找到了更强的增长动力。

总之，香港经济没有实体产业优势是所有问题的逻辑起点。与生产性服务业紧密相关的就是制造业，是制造业的进一步分工发展，正是因为产业链向售后阶段的延伸，才引发了对金融、贸易和物流等方面日益增长的需求，而香港由于近 20 年来制造业明显萎缩，与内地在制造产业方面的联系日渐疏远，与内地经济原有的贸易与物流方向就很容易被改变，金融业的地位也很容易被逐渐崛起的长三角新制造业中心所取代。世界上不乏纽约、伦敦等服务业比重和香港相若的城市经济体，它们在长期发展中都能保持持久的优势地位，而香港却在服务业发展仅 20 年的时间里就出现了颓势，这其中的原因就是因为需要远较制造业为多的人与人之间的面对面接触，纽约和伦敦等金融中心，都是处在本国制造业的中心位置，与本国实体经济之间是"零距离"，而这恰恰是香港在"一国两制"下所缺乏的。所以，香港没有实体经济优势，服务产业与内地实体经济又是"两张皮"，越来越成为香港经济逐渐丧失增长动力的内在逻辑。

第四章

深圳产业升级的基本过程

任何一个地区的产业都不会自然而然升级，都需要根据现实产业的状况和自身具备的特点通过各种途径推进产业的转型升级，同时任何一个国家和地区的产业结构转型升级也会碰到这样那样的困难和问题。深圳这样高速发展的城市，其产业转型升级过程中遇到的问题大、难度大、困难也大。我们应该看到，深圳的产业转型升级是全球工业产业体系这一系统整体中的有机组成部分。纵观全球产业转型升级的历史可以发现，发达国家或地区通过严格限制高科技流出、加大产业技术壁垒、向外转移低级产业和挖掘他国人才等手段，力图保持和强化自身的技术优势、速度优势、人才优势以及对信息与技术发展的调控能力，实现由发达的"头脑"国家支配众多"躯干"国家的目的，拉大与发展中国家的差距。在一直就存在明显技术代差的情况下，深圳必须抓住机会、看准路径，选择适合自己特点的模式，在不断的竞争中推进自身产业的转型升级。

转变经济增长方式需要以产业转型为依托，依靠生产方式的进步来实现。本书对深圳经济增长方式的转变，放置在生产方式演变和产业发展转型的全球经纬中予以审视和定位。以分析深圳产业转型升级的历史与现状、优势与劣势、机遇与挑战为基础，探讨深圳科技创新能力的优势和不足、人口结构与产业结构的联动关系，对深圳产业转型总体战略提出自己的见解。

第一节　深圳产业升级转型的相关研究评介

深圳现有的产业结构呈现轻型化的特点，最为明显的是整个产业演化中一直呈现重化工业的结构性缺失，这在全国大中城市的经济发展中是非常独特的，在全球经济体系中也是非常独特的。正因为如此，深圳的产业结构一直是学界研究的重点样本，境外也有学者关注到深圳产业结构的这种与众不同。对于深圳未来产业的发展，重心无疑是发展高新技术产业，这既是产业发展规律，也是深圳的不二选择。对此不同的学者乃至政府部门是有不同看法的。例如，有一种观点认为，深圳未来在大力发展高新技术产业的同时，应适度发展重化工业，即产业结构适度重型化，而且建议深圳吸取国内外不同地区发展重化工业的经验教训，结合深圳现有的实际条件，应着重发展精细化工、汽车工业及装备制造业，同时加大科技研发的投入，为这些产业的发展做智力储备。对于这些观点，笔者认为确实是见仁见智，也的确很有见地。这种观点是对深圳产业结构的客观实际以及产业发展规律理解不够，对特殊城市的特殊性考虑不够，甚至是把城市经济体与大的区域经济体混淆了。当然，学者们对深圳产业结构的研究是非常全面的，也是非常有借鉴意义的。

有学者认为，深圳作为中国改革开放的"窗口"，特区经济经过30多年的发展，现在又到了一个新的关键时期，深圳产业结构的调整和转型是深圳经济跃上新台阶的必由之路。[①] 学者胡燕用计量经济模型研究了深圳经济发展与产业结构的变化，他以深圳1979年至2003年的数据为样本，对深圳三次产业增加值结构的变动进行了分析，用模型进行了深圳产业结构变动的灰色关联分析以及深圳经济增长的部门因素分析，由此总结出深圳产业结构变动过程中，第一产业的比重越来越小，第二产业与经济增长相关度最高，但第二产业增长率对整个国民经济增长率的贡献却低于第三产业；另外，随着深圳产业结构的变动，第二产业对经济增长的贡献越来越大，第三产业与经济增长相关度较高且其对增长率的贡献最大，但近年来第三产业增加值占的比重呈现下降的趋势。[②] 有学者研究了深圳的汽车、电子等产业的发展，认为深圳在汽车、电

---

① 杨瑞芳：《深圳产业结构现状及其发展对策》，《特区经济》2008年第2期，第16—21页。

② 胡燕：《深圳产业结构变动对经济增长影响的实证分析》，《价值工程》2005年第6期，第12—15页。

子、汽车模具方面有良好的发展条件，若是能利用其电子信息硬件制造优势，在汽车供应链上占有一个重要位置，其产值和利税并不比一个汽车厂低。国际性产业转移是经济全球化过程中的一个周期性趋势，到了下一个国际产业转移周期，深圳不但会接受更为高新的产业前来落户，而且也会成为产业转移的源头。① 另一位学者研究了深圳经济增长态势，他把深圳经济发展过程划分为三个阶段，然后在分析深圳产业结构演进的基础上，对产业结构演替的发展阶段进行判识，发现深圳经济增长与产业结构演替在阶段判识上具有高度的一致性。他还总结了深圳产业结构演进具有变化快速、调整及时有效、政策的催化推动作用等特点。② 还有一位学者利用成分数据分析法，把受约束的三次产业结构数据转化为无约束的数据，再运用向量自回归（VAR）模型分析深圳市的三次产业结构变动趋势，通过分析后认为目前深圳市产业结构要再次跨越式发展，直接进入以服务业为主的后工业化阶段条件还不成熟。③

　　除上述研究外，还有一些学者做了相关研究。有学者认为，深圳市经济持续快速发展，综合实力强，产业结构不断优化，都市化特征明显，但经济发展的深层次矛盾或问题凸显；产业结构经历了跨越式演变，导致其早熟和先天发育不良；必须实现产业结构的优化升级，以经济高效、环境优美作为调整的方向，协调好经济、资源、人口与环境和谐发展，实现深圳产业的可持续发展目标。④ 另一位学者分析了自1979年以来深圳市的产业结构状况，指出了目前产业结构存在的问题，提出了进行产业结构调整的建议。⑤ 此外有学者通过对深圳市1979—2009年的经济统计数据进行回归与图表分析，描述深圳市的产业结构状况及其形成过程，指出了深圳开放30多年来虽经济成就斐然，但产业结构相比20世纪90年代仍无实质改变。分析思路认为深圳尤应加速推进产业结构转换、升级，提升第三产业产值在GDP中的比重，形成更高效率

　　① 林凌：《深圳的工业发展与产业结构调整》，《开放导报》2004年第1期，第83—86页。
　　② 谢植雄：《深圳经济增长与产业结构演进分析》，《地域研究与开发》2002年第8期，第40—42页。
　　③ 汤军：《深圳三次产业结构趋势分析》，《价值工程》2007年第1期，第20—23页。
　　④ 李秋燕、肖平：《国土与自然资源研究》2006年第4期，第16—17页。
　　⑤ 隋占东、马超群：《深圳产业结构调整与优化的政策研究》，《湖南大学学报》（社会科学版）2001年第4期，第31—34页。

的经济增长方式并优化产业结构，从而实现经济体的现代化转型。①

通过认真分析学者们发表的深圳产业结构研究方面的论文，笔者认为：学者们大部分的研究只是从一个方面进行讨论，如学者们对于产业升级阶段的分析，以及产业结构升级对经济增长的贡献、产业结构的转换等的分析，都只停留在数据的分析上，并没有总结出深圳产业升级的主要特点，尤其是与"亚洲四小龙"相比较体现出的新特点没有体现出来。事实上，由于深圳经济发展的特殊性，深圳的产业结构升级、转换具有明显的突变性，因而深圳产业结构是一个动态的过程，产业结构调整与升级的阶段性特别明显，不像其他经济体是一个线性过程。当然，学者们的研究也非常深入，得出的结论也非常有指导意义和学术价值。例如，学者们将深圳产业结构的升级和转型分为三个阶段，在产业发展的初级阶段，由加工型产业作为支柱产业，并由低级加工向高级加工转型；在产业发展的第二阶段，深圳的产业实现了由加工型向技术加工型的转型，同时加工产品的技术水平和产业层次有所提升，产业技术的发展形式是引进和消化吸收先进技术；在产业发展的第三阶段，深圳产业发展进入技术创新阶段，生产要素发生明显转变，经济增长由劳动驱动、仿制驱动转变为以技术创新驱动为主，生产结构明显改变，三次产业结构中服务业上升，在生产领域中技术占有重要的地位。所有的这些研究，都揭示出这样一个特点：深圳产业结构的升级具有突变性，与一般意义的产业升级有很大的不同，而且突破了一般产业结构发展的规律，是一个具有代表性的特例，对它的研究有助于我们认识产业结构升级与调整的路径，特别是在我国经济进入新常态以及经济的结构性问题比较突出的现实下，对深圳产业升级问题的研究很有意义。

第二节　深圳产业演变发展的基本过程

深圳经济特区建立之前，深圳只是一个城镇人口不足 3 万、全县人口 30 余万、工业发展水平很低的边陲小镇，当时的宝安县经济以农业

---

① 钟无涯、颜玮：《深圳特区产业结构变迁与经济增长》，《城市观察》2012 年第 3 期，第 94—102 页。

为主,三个机械厂的产值几乎可以忽略不计。深圳的产业发展肇始于改革开放和特区的建立,产业结构的演变与深圳特区的飞速发展相伴随。

特区初创时期,深圳确立了"建设资金以利用外资为主,经济活动以市场调节为主,经济成分以'三资'企业为主,生产产品以外销为主"的基本方针,充分发挥毗邻香港的区位优势,用好用足中央给予特区的优惠政策,采取多形式、多渠道大规模地引进资金、引进技术、引进人才,使深圳迅速成为外商投资的沃土。

1985年之前,深圳制定了"规划一片,开发一片,投资一片,收益一片"的方针,大规模进行基础设施建设,营造良好的投资环境,筑巢引凤,吸引外资;同时做好宣传工作,让外商了解这片热土,为了尽可能地用好用活中央给予特区的优惠政策,深圳制定鼓励外商投资的各种政策措施,增强外商对深圳的投资信心和决心,积极引进外资、引进技术、引进设备、引进人才。据统计,1979—1985年深圳市政府批准的4696项外资投资项目中,"三来一补"项目达3576项,占76%以上。

随着经济的发展、环境的改善,深圳先后制定了《深圳经济特区社会经济发展纲要》、《近期工业发展纲要》,积极引导外商直接投资工业;同时兴建基础设施项目和基础工业项目,促进"三来一补"的加工企业向"合作企业"、"合资企业"、"独资企业"转型。1986年后,外商投资的项目越来越多,使深圳利用外资的形式从最为初级的"三来一补",逐步提升发展到合作或直接投资办厂开店的产业化阶段。

进入20世纪90年代,深圳特区享受的各种优惠政策已普惠全国,"深圳速度"也被各地学习借鉴,在国内外招商引资竞争日趋激烈的新形势下,深圳市委、市政府在邓小平同志1992年初视察南方重要谈话精神鼓舞下,坚持"积极、合理、有效"地利用外资的方针,扩大对外开放,进一步改善投资环境,重点加强对世界知名大公司的引进,引导外资向高新技术产业和城市基础设施投入。可以说,到了这个阶段,深圳才初步建立起自己的工业生产体系,产业结构迅速跃升到工业化阶段。

从特区建立到现在,深圳迅速实现了产业结构转换,同步实现了产业的升级与转型,而且产业结构的升级与转型是以超乎想象的顺利成功实现的，因此引起了广泛的关注。总的来说，深圳产业的发展演变可以分为三个时期。

第一时期：1985年以前，外商直接投资方向主要集中在过境旅游、房地产、交通运输、商业、粮食、仓储业等行业，这一时期深圳特区的10家旅游公司有9家是中外合资兴办的，而同期工业项目实际利用外资仅占1/3左右。这一时期深圳产业还只停留在初始发展阶段。

第二时期：1986年至1990年，深圳围绕发展外向型经济引导和鼓励投资工业项目，工业产业方面利用外资所占比例上升到60%以上。这一阶段的发展，奠定了深圳产业结构升级与转型的初步基础，为下一步的发展明确了方向。

第三时期：从1991年开始，深圳特区鼓励外商投资兴办企业，外商投资的热点呈现多元化的发展趋势，投资结构主要分布在工业、房地产、旅游、商贸、金融和现代农业等产业。

1995年后，深圳在经济形势非常好的情况下，主动调整政策，紧紧抓住全球新一轮产业结构调整和现代工业进入全球化分工合作新阶段的机遇，把发展高新技术产业摆到战略高度，在高新技术产业方面积极引进外资。到1998年底，外商投资的项目开始集中在电子信息产业、新材料产业、生物医药技术产业、光机电一体化产业、新能源、高效节能产业以及环境保护、航空航天、海洋工程、核应用等九大高新技术产业领域。1998年底全市已有13000多家外资企业，它们中间的很多高新技术企业的产品达到了国际先进水平。比如IBM公司与长城计算机公司合资成立的长城国际信息公司生产的计算机，是当时全球电子通信产业方面的先进产品；深圳天骏微电子有限公司生产经营的STN大面积液晶显示器，市场占有率高、产业规模大、经济效益好，使我国成为世界上第二个大规模生产该产品的国家；康诺公司生产的计算机软盘属当时先进的第四代产品。同时，由于深圳大力发展外向型经济，外商投资企业的产品绝大多数进入国际市场，其比例达70%以上，而产品实际外销率达83%，其中电子、钟表、服装等传统工业的外销比例已高达90%以上。

经过30多年的努力，到2012年，深圳本地生产总值12950.08亿元，比上年增长10.0%。其中，第一产业增加值5.56亿元，下降

18.2%；第二产业增加值5737.64亿元，增长7.3%；第三产业增加值7206.88亿元，增长12.3%。第一产业增加值占全市生产总值的比重不到0.1%；第二和第三产业增加值占全市生产总值的比重分别为44.3%和55.7%。人均生产总值123247元/人，增长9.0%，按2012年平均汇率折算为19524美元。① 2012年深圳第三产业中，现代服务业增加值4899.25亿元，比上年增长11.9%；先进制造业增加值3632.41亿元，增长6.7%；高技术制造业增加值2955.44亿元，增长8.9%。在第三产业中，交通运输、仓储和邮政业增加值471.99亿元，增长7.2%；批发和零售业增加值1465.74亿元，增长13.5%；住宿和餐饮业增加值254.37亿元，增长4.9%；金融业增加值1819.19亿元，增长14.3%；房地产业增加值1130.31亿元，增长15.8%。民营经济增加值4959.36亿元，增长13.6%。2015年，深圳市生产总值达17502.99亿元，继续居于内地大中城市第四位。分产业看，第一产业实现增加值5.66亿元，第二产业完成增加值7205.53亿元，第三产业实现增加值10291.80亿元。

目前，国内外反映一个国家或地区三次产业总体发展状况的主要依据，是增加值和劳动力就业人数在三次产业中的分布，而且多用产值结构和就业结构反映三次产业的发展状况，从三次产业总产值构成比例来分析，1979年至2011年深圳市三次产业变化情况如表4—1所示。

表4—1　　　　　　　　　　深圳市本地生产总值

年份	本地生产总值（万元）	第一产业		第二产业		第三产业	
		绝对值（万元）	比重（%）	绝对值（万元）	比重（%）	绝对值（万元）	比重（%）
1979	19638	7273	37.0	4017	20.5	8348	42.5
1980	27012	7803	28.9	7036	26.0	12173	45.1
1981	49576	13343	26.9	16019	32.3	20214	40.8
1982	82573	18960	23.0	31439	38.1	32174	38.9
1983	131212	22614	17.2	55848	42.6	52750	40.2

① http：//www. sztj. gov. cn/xxgk/tjsj/tjgb/201304/t20130412_ 2127275. htm.

续表

年份	本地生产总值（万元）	第一产业		第二产业		第三产业	
		绝对值（万元）	比重（%）	绝对值（万元）	比重（%）	绝对值（万元）	比重（%）
1984	234161	25932	11.1	106606	45.5	101623	43.4
1985	390222	26111	6.7	163586	41.9	200525	51.4
1992	3173194	105914	3.3	1522432	48.0	1544848	48.7
1993	4492889	110089	2.5	2455282	54.6	1927518	42.9
1994	6151933	137817	2.2	3365175	54.7	2648941	43.1
1995	7956950	129243	1.6	4169346	52.4	3658361	46.0
1996	9500446	157036	1.7	4781274	50.3	4562136	48.0
1997	11300133	157952	1.4	5566344	49.3	5575837	49.3
1998	12890190	164544	1.3	6445832	50.0	6279814	48.7
1999	14360267	165327	1.2	7271146	50.6	6923794	48.2
2000	16654652	173374	1.0	8740081	52.5	7741197	46.5
2001	19546539	181096	0.9	10556758	54.0	8808685	45.1
2002	22394065	188720	0.8	12348169	55.2	9857176	44.0
2005	49519076	97383	0.2	26435255	53.4	22986438	46.4
2010	95815101	64670	0.1	45233688	47.2	50516743	52.7
2011	115055298	65541	0.1	53433220	46.4	61556537	53.5

资料来源：深圳市统计局编：《深圳统计年鉴2012》，中国统计出版社2012年版，第22—23页。

由表4—1可以看到，深圳市第一产业的产值从1979年的7273万元增长为2002年的188720万元，年平均增长率为6.3%，在国内总产值中的比重一直呈下降趋势，由1979年的37.0%下降为2002年的0.8%，下降率为97.8%，在全市三次产业中的比重下降了36.2个百分点。第二产业的产值从1979年的4017万元增长为2002年的12348169万元，年平均增长率为39.4%，第二产业产值占GDP的比重上升很快，从20.5%上升到55.2%，上升率为169.3%，在全市三次产业中的比重上升了34.7个百分点。第三产业的产值从1979年的8348万元增长为

2002 年的 9857176 万元，年平均增长率为 27.4%，第三产业产值占 GDP 的比重相对比较平稳，由 42.5% 上升到 44.0%，上升率为 3.5%，在全市三次产业中的比重上升了 1.5 个百分点。

从三次产业的就业结构分析，深圳 1997 年至 2011 年，从业人员数量变化和就业结构发生了较大变化。如表 4—2、表 4—3 所示。

表 4—2　　　　　　　三次产业劳动力数量变化　　　　　单位：万人

年份	总人数	第一产业	第二产业	第三产业
1997	270.82	4.45	167.11	99.26
1998	286.37	4.57	171.12	110.68
1999	295.09	4.24	171.30	119.55
2000	308.54	3.87	175.78	128.89
2001	332.80	3.48	185.51	143.81
2002	359.20	4.00	200.30	154.90
2011	764.51	0.3	382.9	381.31

资料来源：深圳市统计局编《深圳统计年鉴》历年数据计算，中国统计出版社。

表 4—3　　　　　　　　三次产业就业结构　　　　　　单位：%

年份	第一产业	第二产业	第三产业
1997	1.64	61.71	36.65
1998	1.60	59.75	38.65
1999	1.44	58.05	40.51
2000	1.25	56.97	41.77
2001	1.05	55.74	43.21
2002	1.11	55.76	43.12
2011	0.04	50.08	49.88

资料来源：深圳市统计局编《深圳统计年鉴》历年数据计算，中国统计出版社。

由表 4—2、表 4—3 可以看出，1997 年以后第一产业从业人员的绝对数量和占总从业人员的比重都保持在较低的水平；第二产业从业人员绝对数量由 1997 年的 167.11 万人增长为 2002 年的 200.30 万人，增长了 19.86%，占总从业人员的比重由 61.71% 下降为 55.76%，下降了5.95 个百分点；第三产业从业人员绝对数量由 1997 年的 99.26 万人增长为 2002 年的 154.90 万人，增长了 56.05%，占总从业人员的比重由36.65% 上升至 43.12%，上升了 6.47 个百分点。2002 年三次产业从业人员之比为 1.11 : 55.76 : 43.12。

2011 年是深圳产业发展史上具有标志性意义的一年，这一年深圳的第二产业和第三产业吸纳的劳动力基本上是各占 50% 左右。2002—2009 年这一段时间，深圳三次产业的产值和三次产业在 GDP 中所占的比重，以及第三产业从业人员绝对数量和占从业总人员比重的增长与第三产业产值的增长不相称，但第三产业产值的增长速度却与第二产业相差无几。同时，第三产业在 GDP 中所占比重这一阶段有所下降，而第三产业人员绝对数量的增长幅度远大于第二产业。

由此可以看出，深圳第三产业的劳动生产率不高，其中的主要原因是由于深圳目前第三产业的发展是以人口密集型的消费者服务业构成的，如零售商业、饮食业、个人服务业等，这也从另外一个方面说明深圳的生产性服务业发展有待加强，如金融、信息、咨询、会计、律师、管理、通信、仓储等。到 2010 年后，第三产业发生了较大变化，在本地生产总值中，第三产业所占比重超过第二产业将近 4 个百分点，而与此同时第三产业的从业人数却少于第二产业的从业人数，说明这一时期深圳的第三产业劳动效率有所提高，第三产业内部结构发生了较大变化，高端服务业所点比重有所上升。2007 年，作为深圳四大支柱产业之一的金融业，其增加值占当年本地生产总值的比重为 11.3%，到2011 年这一比重上升为 13.6%，四年时间就上升超过 2 个百分点，可见深圳金融业的发展质量。

2010 年以来，深圳的产业结构转型升级成效日益显现，目前深圳第一产业产值在总 GDP 中几乎可以忽略，第二和第三产业则各自占据了半壁江山，且自第三产业于 2008 年首次超越第二产业后，其比重开始逐年上涨，2015 年增长 9.4%，占 GDP 比重高达 58.3%。服务业的增长速度之快，极大地拉动了经济的增长，也说明近年来深圳市的产业转型取得了非常好的效果，如图 4—1 所示。

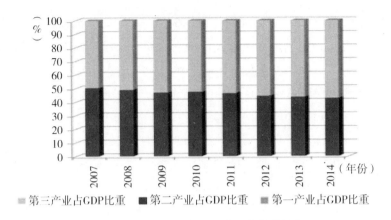

图4—1　2007年以来深圳产业结构的演化

数据来源：深圳市统计局。

说明：因为2007年、2008年、2009年、2010年四年的第一产业与GDP比重均只有0.1%，所以图中显示不出。

第三节　深圳产业结构转型升级的路径、标志与演进过程

深圳的产业结构有着非常清晰的转型路径和演化过程，虽然这一演进过程非常成功，但其实也具有不可复制性，可以说其中"运气"的成分非常大，不过这个成功确实很有借鉴意义。

一　深圳实现产业结构跳跃式转型的关键时期

1995年至2004年，是深圳实现产业转型升级的最关键十年，也是深圳抓住全球新一轮产业结构调整机遇实现自身产业升级转型的十年，深圳由此从一个区域经济中心城市一跃成为全国经济中心城市，为现代区域产业结构转型与升级树立了一个成功范例，也可以说是为深圳目前乃至未来若干年的产业发展奠定了基本格局。通过十年持续不断的推进，到2004年底，深圳的产业结构有了实质性的变化，顺利实现了传统加工业的退出、向周边转移和就地升级。同时以计算机通信、生物技术为代表的高新科技产业增长迅猛，跨越式地发展成为第一大工业，与金融业、物流业等新兴产业一起成为支柱产业，经济素质得到实质性的

提高。伴随着高新技术产业飞速发展而来的第二产业超速发展，其增加值所占 GDP 的比重达到了 61%，工业在国民经济中的引领作用充分表现出来，如表 4—4 所示。

表 4—4　　　　　　　　　1995—2004 年三次产业的变动　　　　　　单位:%

年份	第一产业	第二产业	第三产业
1995	1.6	52.4	46.0
1996	1.7	50.3	48.0
1997	1.4	49.3	49.3
1998	1.3	50.0	48.7
1999	1.2	50.6	48.2
2000	1.0	52.5	46.5
2001	0.9	54.0	45.1
2002	0.8	55.2	44.0
2003	0.6	59.5	39.9
2004	0.4	61.1	38.5

资料来源：根据深圳统计年鉴归纳整理。

与第二产业引领作用相对应的是，在这一经济结构转型的关键时期，深圳在引进利用外资方面发生质变。表现为：利用外资的数额不断增长；项目规模不断扩大；外资来源地多元化。如表 4—5、表 4—6、表 4—7 所示。这些变化引致了产业技术的变化和产品结构的变化。

表 4—5　　　　　　　　　1998—2004 年深圳利用外资额

年份	签约项目（个）	协议外资（亿美元）	实际外资（亿美元）
1998	1915	27.5	25.5
1999	1558	22.3	27.5
2000	1835	26.4	29.7
2001	1860	40	36
2002	2191	52	49

续表

年份	签约项目（个）	协议外资（亿美元）	实际外资（亿美元）
2003	2573	58	50
2004	2954	58	36

资料来源：《深圳统计信息年鉴 2005》，第 218、226、229 页。

表 4—6　　　　　1998—2004 年深圳外资项目按资金来源地分布　　单位：个

年份	协议项目总数	港澳地区	台湾地区	美国	日本
1998	1915	1614	119	58	12
1999	1558	1355	45	37	8
2000	1835	1474	67	52	9
2001	1860	1288	179	22	25
2002	2191	1498	239	25	35
2003	2573	1852	260	35	33
2004	2954	1959	122	42	51

资料来源：《深圳统计信息年鉴 2005》，第 229 页。

表 4—7　　　　　　1998—2004 年深圳利用外资来源地分布　　单位：亿美元

年份	实际外资	港澳	台湾地区	美国	日本
1998	25.5	18.3	0.4	0.4	0.9
1999	27.5	14.4	0.4	0	1.9
2000	29.7	18.5	0.4	1.1	0.5
2001	36	19	1.2	0.6	0.8
2002	49	22	3	6	1
2003	50	32	3	1	1.2
2004	36	13	0.4	0.8	0.3

资料来源：《深圳统计信息年鉴 2005》，第 226、229 页。

二　深圳产业结构的高级化演进过程

30 多年来，深圳的经济增长主要表现在第二、第三产业的发展。深圳的产业结构以"三来一补"作为起点，经历了蛙跳式的演进后，起初弱小的高新技术产业很快成长为深圳产业结构中的主导产业和支柱产业。随着产业开放水平的提高和高技术含量企业的引进，传统产业要么向周边地区转移要么被淘汰，高新技术产业迅速崛起，第三产业蓬勃发展，不断产生新的经济亮点。

90年代后，深圳开始致力于调整和优化产业结构，确立了以高新技术为先导、先进工业为基础、第三产业为支柱的经济发展战略。推动经济建设由数量型、资源消耗型的粗放经营方式向质量型、效益型、集约化经营方式转变，走技术先进和内涵发展的道路，不断推进产业结构的升级换代。第一产业注重扶持"三高"农业、创汇农业，促进农业生产规模化、产业化；第二产业积极发展高新技术，加大技术改造力度，提高企业装备水平和产品技术含量；第三产业以高新技术产业和信息服务产业推动全市第三产业上规模、上等级。三大产业结构由1979年的37.0：20.5：42.5调整到2000年的1.0：52.5：46.5，接近发达国家的产业结构水平，标志着深圳成功地从农业社会跃升进入发达的工业社会，也标志着深圳成功地实现了产业结构的跳跃式升级。

深圳产业结构升级中最有代表性的产业是第二产业。30多年来，深圳的第二产业内部结构不断向着新型化、高科技含量的方向转化，在不同的发展阶段则有不同的支柱产业，这是深圳产业转型升级中一个非常具有特色的优势。特区成立的前10年，"三来一补"的加工业是第二产业的主体，"八五"时期建筑业成为第二产业中发展最为迅速的行业。而最具有代表性的是深圳加工贸易的发展和演变，它充分展示了深圳第二产业的新型化、高科技含量发展路径（表4—8）。加工贸易在深圳出口中一直占着非常重要的地位，尽管在总出口中的比重逐年降低，但出口产品的技术含量连连提升，产品配套链不断向上游延伸，价值链得到有效提升，实现了加工贸易向深加工、高附加值层次的发展。同时，深圳的高新技术产业从1990年初起步，经过10年的迅速发展，2000年高新技术产业已成为深圳经济发展的第一增长点。1991年全市高新技术产品产值仅22.9亿元，1998年达655.18亿元，产值年均递增54.2%，占工业总产值的比重由8.1%提高到35%。随着深圳发展高新技术产业政策环境、市场环境的不断完善，到2000年深圳已经形成了计算机及其软件、通信、微电子等高新技术产业群，并在周边地区形成了很强的产业配套优势。传统优势工业稳步发展，服装、皮革、黄金珠宝、机械、家具、玩具、印刷、钟表等八种主要传统工业实现总产值2001亿元，占当年全市工业总产值的47.4%，其中机械业占16%，服装业占9.5%。工业外向型特征突出，2002年外商及港澳台投资企业工业产值占工业总产值七成以上。

表4—8　　　　　　　　　加工贸易出口在总出口中的比重

	1996	1998	2000	2002	2004	2006	2008
加工贸易出口额（亿美元）	189.6	227.7	289.6	376.6	597.8	919.5	1097.6
总出口额（亿美元）	212.1	264.2	345.6	465.6	778.5	1361.1	1797.2
比重（%）	89.4	86.2	83.8	80.9	76.8	67.6	61.1

资料来源：深圳统计年鉴和深圳统计局网站。

深圳产业演进过程中，第三产业的发展也异乎寻常。深圳的第三产业随着经济的发展，在不同阶段也有不同的增长点，呈现出内容多元化、新型化和高附加值的发展趋势，金融、信息、旅游、商贸、房地产、仓储、运输等新兴行业已发展成为深圳的优势产业。金融业、高新技术产业中的服务业和现代物流业共同成为深圳的三大支柱产业，1999年末深圳金融业增加值占GDP的比重达到13.2%，占第三产业的比重达到27.4%，深圳作为中国两个全国性证券市场之一和金融机构较多的城市，基本上发展成为全国的区域性金融中心。2002年金融保险证券业增加值250.2亿元，占国内生产总值的11.5%，是第三产业中的第一大行业。银行、证券、保险业机构密度、外资金融机构数量以及从业人员比例均居全国前列。2002年末金融机构人民币存款余额4952.73亿元（其中居民储蓄存款余额1756.49亿元），人民币贷款余额3512.48亿元，居全国大中城市第四位。物流业方面，形成了以EDI信息网络中心为基础的物流信息平台，以生产商、零售商及原材料供应为服务对象的三种类型第三方综合物流企业超千家，其中资产1亿元以上的30家，物流配送商品品种达1万多种。2002年深圳港口货物吞吐量达8766.73万吨，港口集装箱吞吐量达761.78万标准箱，成为全球第六大集装箱枢纽港。机场开通国内航线120条，国际航线9条。全市全社会货运量达5577.61

万吨，机场货邮行吞吐量 33.41 万吨，均保持较高增长速度。会展业迅速发展，2002 年举办各类商业性会展 69 个，现场成交 1706 亿元。

旅游业也是当时深圳产业升级中的一个亮点。一直以来深圳旅游行业都充满活力，各项经济指标均居全国前列，产业地位不断提高。1999年接待海内外游客 1700 万人，其中，海外游客 230 万人；旅游收入 150亿元，创汇 11 亿美元，占全国旅游收入的 1/10，占广东省的 1/3。旅游业已成为深圳二次创业中的重要经济增长点，其对经济的带动作用和在全市第三产业中的主导地位越来越显著。1995—2000 年，深圳旅游收入的增加值占全市 GDP 的比重连续六年超过 5%。2002 年旅游业总收入达 355.48 亿元，其中旅游外汇收入 17.23 亿美元，分别居全国主要旅游城市第三、第四名。接待过夜游客 1522.89 万人次，酒店宾馆客房出租率 64.1%。从业人员 12 万人以上，全市日住宿接待能力超过 10万人次。充分展示了深圳服务业的发展水平与成效。

在深圳产业演进过程中，非农化趋势特别明显。以农业为主的第一产业，由于受城市化发展和土地资源的限制，以及农业生产本身的特点制约，其发展规模和速度远不及第二、第三产业，因而比重逐年降低。开放以前，深圳还是个落后的农业社会，但到 1995 年第一产业在其国内生产总值中的比重已经下降到 1.6%，深圳已成为一个完全的工业社会。

持续不断的产业转型与升级，推动着深圳产业结构不断优化，产业竞争力也随之不断增强。到 2001 年以后，深圳产业结构发生了质的变化，表现为：第一产业在三次产业中的比重下降，而第二和第三产业在三次产业中的比重出现交替升降，最后第三产业稳步上升，第二产业稳步下降，形成了稳定的三二一的产业结构，之后产业结构大致定型，基本形成了目前的产业结构。如表 4—9 所示。

表 4—9　　　　　2001—2010 年深圳产业结构变化　　　　单位：%

时间	第一产业	第二产业	工业	建筑业	第三产业
2001	0.9	54.0	44.5	5	45.1
2002	0.8	55.2	45	4.3	44.0
2003	0.6	59.5	46.6	4.1	39.9
2004	0.4	61.1	48.1	3.5	38.0

时间	第一产业	第二产业	工业	建筑业	第三产业
2005	0.2	53.4	50.4	3	46.4
2006	0.1	52.6	49.8	2.8	47.3
2007	0.1	50.2	47.6	2.6	49.7
2008	0.1	49.6	47.1	2.5	50.3
2009	0.1	46.7	43.8	2.9	53.2
2010	0.1	47.2	44.2	3	52.7

资料来源:《深圳市统计信息年鉴 2011》。

第四节　深圳产业转型升级的"深圳质量" 阶段及其特点

2008 年的世界金融危机重创了全球经济,美、欧、日等发达经济体受伤惨重,金砖各国经济陷入重重危机,世界经济的各种结构性问题全部暴露出来,这一切都给外向型经济占主导的深圳经济带来巨大压力。面对前所未有的发展环境,同时也受到我国经济发展进入新常态的制约,深圳紧紧抓住产业升级这条主线,紧扣"深圳质量"这一发展主题,保持了深圳经济的较快发展。近年来深圳的经济发展仍然保持了 8% 以上的增长速度,经济规模继续增大,2011 年深圳 GDP 首次突破万亿元,人均 GDP 达到 1.5 万美元。2015 年深圳 GDP 达 17502.99 亿元,继续居于内地大中城市第四位,其中第一产业实现增加值 5.66 亿元,第二产业完成增加值 7205.53 亿元,第三产业实现增加值 10291.80 亿元(图 4—2)。

另外,近年深圳经济的增长速度逐渐放缓,人均 GDP 正在向高收入阶段跨越,经济增长要素面临刚性约束,制度供给创新空间有待深入挖掘,出口、消费、投资结构亟须优化,深圳正在进入转型发展新时期。

纵观 2005 年以来深圳产业结构转型升级的变化历程,可以发现如下几个特点。

图 4—2　2008—2015 年深圳的 GDP 情况

资料来源：张晓儒主编：《深圳经济发展报告（2016）》，社会科学文献出版社 2016 年版。

一是产业结构不断向高级化演进，但加工贸易产业亟须向内需市场转变。在过去的 30 多年，深圳从农业小镇发展成为工业和现代服务业发达的现代化大都市，产业结构层次不断提升，如图 4—3 所示。2011 年深圳三次产业结构比重为 0.1∶46.4∶53.5，到 2015 年深圳二、三产业的结构由上年的 42.6∶57.4 调整为 41.2∶58.8，产业结构进一步优化。从二、三产业结构比重变化来看，2008 年开始深圳第三次产业比重再次超过第二次产业比重，维持在 50% 以上，开始表现出后工业阶段特征。但从发展历史来看，深圳在 1993 年就出现过第三产业比重超过第二产业比重的现象，随后又被第二产业反超。从增长速度来看，第二产业增长速度逐步放缓，第三产业增长速度还比较缓慢且不稳定，不符合后工业时期服务业快速增长的特征。按照一般工业发展规律，随着工业化进程不断推进，工业发展速度放缓的同时，往往伴随着服务业的快速发展，第三产业增长速度逐渐超过第二产业增长速度，深圳正在出现这种征兆，预示着深圳还处在工业化后期阶段，未来将稳步走向后工业阶段。

深圳实现产业结构高级化的过程中，加工贸易一直扮演重要角色（关于加工贸易产业在深圳产业升级中的作用和其发展，本书将在第五章的第四节专门论述），2008 年以来受国际经济形势不景气、人民币升

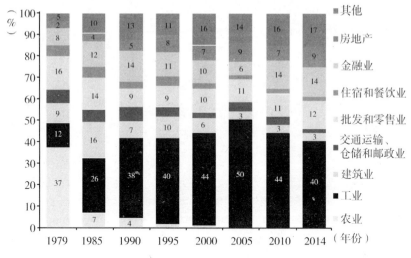

图4—3　1979 年以来深圳产业结构变化情况

资料来源：CEIC，中金公司研究部。

值、加工贸易政策调整、出口退税率调低、新劳动法实施以及原材料上涨等因素的影响，企业生产经营压力剧增，尤其是一些来料加工企业、劳动密集型企业、产品附加值低企业以及外贸出口企业，直接面临着生存压力。为了进一步推动加工贸易升级，深圳出台了《促进加工贸易企业转型升级的若干意见》，明确表示将采取一系列配套政策和措施，扶持加工贸易企业提升竞争力。在相继出台的"珠三角纲要"以及"深圳综改方案"中，加快加工贸易转型升级是转变增长方式的重要政策措施之一。

在产业高级化特征日益明显的同时，统计表明深圳的工业增加值年均递增 35.08%，保持了持续高速发展，工业在深圳国民经济中的无可替代作用非常突出。深圳早期经济发展建立在"三来一补"、"两头在外"的基础上，以来料加工制造业为主，至今低端加工贸易仍占有较大比重，统计数字显示，深圳出口总额自 1992 年起连续 19 年居全国大中城市之首，但产业整体技术档次仍不高。大部分工业产品以一般适用型技术为主，部分高新技术产品只在高新技术的外层徘徊，即使是许多被列入高新技术行业的产品，也只是简单加工和组装，附加值并不高，因而经济效益总体上不高。这种产业"外向型"特征不利于产业结构的进一步优化，更不利于整个城市转型发展。过去深圳产业发展主要依靠出口拉动，现在经济进入新常态，受金融危机影响海外市场萎缩，同时在自然资源短缺的情况下，各行业应当立足内需市场，进行产品结构和产品开发的调整。抓住当前国家鼓励扩大内需的时机，以及国内消费潜能释放这个历史性转变，促使出口加工产业向内需市场转变。

二是战略性新兴产业迅速崛起，主导引领作用仍需培育。战略性新兴产业这个概念是由我国有关研究人员在 2009 年提出的，目前在国内被广泛使用，但这一提法在国际学界并不太受到认可，笔者也不认可这一提法，认为这一概念与国际通行的高新技术产业概念在内涵上有太大的重复，事实上也并不能够更准确地反映产业高级化，可以说完全是一个多余的概念。但由于目前统计数据、很多文献都使用了这一提法，为了研究的方便和数据的使用，本书也交叉采用高新技术产业和战略性新兴产业的提法。战略性新兴产业是未来工业发展的方向，是代表工业发展竞争力的重要领域。根据国家的战略部署，深圳结合本地实际情况，选择了生物、新能源、互联网、新材料、文化创意、节能环保产业和新一代信息技术等七大产业，作为深圳重点发展的战略性新兴产业。近几年来，通过制定发展规划和政策措施，不断加大培育和扶持力度，深圳战略性新兴产业取得了迅猛发展，创新能力不断提升，整体实力稳步增强，部分领域产业规模已位居全国前列，已经成为推动深圳经济发展方式转变的重要力量，逐步为实现有质量的稳定增长和可持续全面发展提供重要支撑。2015 年，深圳战略性新兴产业实现增加值 7003.48 亿元，同比增长 16.1%，占全市生产总值比重为 40.0%，比上年同期提高 4.4 个百分点。统计数据表明，深圳七大战略性新兴产业增加值占全市生产总值比重不断提高，各产业增速均高于全市生产总值增速，产业集聚效应和集群效应初见成效，涌现出一批国内外知名的骨干企业，区域产业发展态势良好，产业带动作用逐步增强，呈现增长平稳、稳中有进、进中提质的势头。其中新一代信息技术产业主导地位显著，互联网产业引领其他产业快速发展，从规模上看，新一代信息技术产业实现增加值 3173.07 亿元，占全市战略性新兴产业增加值比重为 45.3%，比 2011 年同期提高 2.0 个百分点，占据全市战略性新兴产业半壁江山；文化创意产业实现增加值 1757.14 亿元，占比 25.1%；互联网产业 756.06 亿元，占比 10.8%；新能源产业 405.87 亿元，占比 5.8%；新材料产业

329.24 亿元，占比 4.7%；节能环保产业 327.42 亿元，占比 4.7%；生物产业 254.68 亿元，占比 3.6%，如表 4—10 所示。

但深圳的战略性新兴产业尚处在初步发展阶段，与发达经济体以及新加坡、台湾地区还存在较大差距。例如，台湾地区的信息产业已居全球第三，半导体产业居全球第四；新加坡的能源化工和生物医药也已成为有国际竞争力的产业，2011 年新加坡生物产业增加值 121.63 亿美元，约为深圳 4.5 倍，目前在生物制药产业方面深圳与新加坡的差距还在拉大。因此，未来的发展中深圳战略性新兴产业发展步伐需要进一步加快。

表 4—10　　　　深圳市 2015 年七大战略性新兴产业增加值

指标名称	增加值（亿元）	增长速度（%）
合计	7003.48	16.1
新一代信息技术产业	3173.07	19.1
文化创意产业	1757.14	13.1
互联网产业	756.06	19.3
新能源产业	405.87	10.1
新材料产业	329.24	11.3
节能环保产业	327.42	12.0
生物产业	254.68	12.4

资料来源：张晓儒主编：《深圳经济发展报告（2016）》，社会科学文献出版社 2016 年版。

三是现代服务业成为支柱产业，但国际竞争力尚待进一步提升。现代服务业代表服务业发展方向，体现服务业发展水平，是衡量一个城市发展阶段的重要标示。经过 30 余年的发展，深圳现代服务业发展取得了重要成绩。2015 年，第三产业比重继续上升，现代服务业快速发展。2015 年，深圳金融业增加值达到了 2600 亿元，占 GDP 的比重达到了 14.5% 的历史高位，税收贡献继续稳居全市四大支柱产业的首位；文化产业增加值 1021.16 亿元，增长 7.4%，占 GDP 比重 5.8%；房地产业增加值 1627.77 亿元，增长 16.8%，占 GDP 比重 9.3%，同比提高 1.0 个百分点。2015 年其他服务业（主要是信息传输、软件和信息服务业，租赁和商务服务业，科学研究和技术服务业，水利、环境和公共设施管理业，居民服务、修理和其他服务业，教育，卫生和社会工作，文化、体育和娱乐业，公共管理、社会保障和社会组织等现代服务业）增加值3229.53亿元，增长9.5%，占GDP比重18.5%，同比提高0.6个百分点。金融业、物流业、文化产业已经成为深圳现代服务业的支柱产业。

但与国际上的发达城市相比，深圳现代服务发展程度还存在一定的差距。从服务业总规模来看，目前深圳服务业增加值大致相当于香港特区的45%、新加坡的56%左右。从增长速度来看，深圳第三产业年均增长13.5%，增速尽管高于香港、新加坡等新兴发达城市，但正在呈现放缓趋势。2015年，全市服务贸易进出口1160.1亿美元，同比增长15.3%，其中服务贸易进口627.6亿美元，同比增长10.2%，服务贸易出口532.5亿美元，同比增长21.9%。服务贸易占贸易总额的比重为20.7%，同比提高3.7个百分点。其中，旅行、运输、建筑等传统服务合计进出口860.9亿元，占服务贸易进出口总额的74.2%，比上年提高1.2个百分点。高附加值服务进出口实现较快增长，电信、计算机和信息，金融，知识产权使用费分别增长16.4%、281.9%和82.2%。从服务贸易出口情况来看深圳服务业竞争力还不够强，在国内如上海，与我国香港地区、新加坡的差距更大，不到我国香港地区、新加坡规模的1/3。综合来看，深圳现代服务业竞争力还不够强，与后工业化阶段的要求还有较大的差距。如图4—4、图4—5所示。

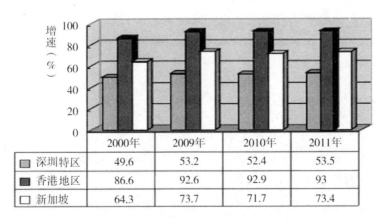

增速（%）	2000年	2009年	2010年	2011年
深圳特区	49.6	53.2	52.4	53.5
香港地区	86.6	92.6	92.9	93
新加坡	64.3	73.7	71.7	73.4

图4—4 深圳特区、我国香港地区、新加坡第三产业占GDP比重

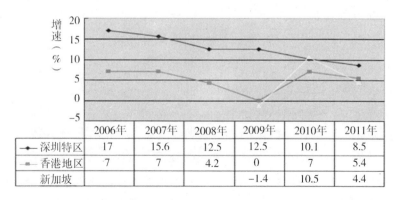

	2006年	2007年	2008年	2009年	2010年	2011年
深圳特区	17	15.6	12.5	12.5	10.1	8.5
香港地区	7	7	4.2	0	7	5.4
新加坡				-1.4	10.5	4.4

图4—5　深圳特区、我国香港地区、新加坡服务业增长比较

第五节　深圳产业转型升级中遇到的主要刚性约束以及产业升级过程中存在的缺陷分析

每个国家、每个地区、每个城市都有自己与生俱来的发展条件和资源禀赋，这些条件与禀赋有的有利于区域发展，有的则成为区域发展的刚性约束。另外，深圳跃迁式的产业升级取得了很好的发展效果，但也存在不少缺陷，对未来进一步的发展形成了制约。

一　深圳产业升级面临的主要刚性约束

应该说，每个国家或者地区的产业转型升级都有自己特有的刚性约束，新加坡有新加坡特点的刚性约束，香港有香港特点的刚性约束。对深圳来说，产业转型升级的刚性约束也是非常明显的，而且与其他地区的刚性约束有很大的不同，具体表现在如下几个方面。

一是在新增建设用地方面面临刚性约束。1995 年以来，深圳的土地利用呈现快速城市化特点，建成区面积不断扩张，年均建设用地增长超过 30 平方公里。依据《深圳土地利用总体规划（2006—2020）》提供的数据，2006 年全市农用地 964.16 平方公里，建设用地 891.83 平方公里，未利用地 96.86 平方公里。在农用地中，耕地 6.1 万亩，基本农田 3 万亩。具体情况见图 4—6。

另外，在深圳全市 891.83 平方公里的建设用地中，城市建设用地 735.76 平方公里（不含采矿地、空闲宅基地、水利设施用地、未建用地以及政府征用推平发展用地等，约 156.07 平方公里）。具体情况见图 4—7。

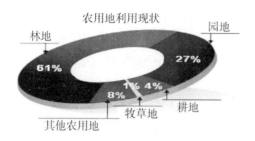

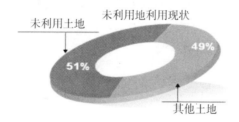

图 4—6　深圳农用地利用现状和未利用现状

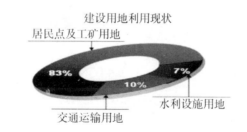

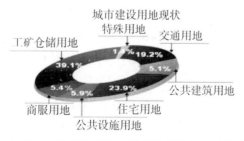

图 4—7　深圳建设用地利用现状和城市建设用地现状

就 2011 年土地利用现状来看，建设用地的比例在 45% 左右，已接近全市总面积的一半。与国内其他主要城市相比，深圳市建设用地比例全国最高，北京只有 20%，上海为 30%，毗邻深圳的香港也只有 24%；工业用地比例偏高，商业服务用地、公园绿地用地比例偏低，特区外尤其如此；空间分布特区有序、特区外零散混乱，工业用地方面更是特别突出。就土地利用的经济效益来看，领先国内城市，但落后于国际先进城市（图4—8）。2011 年深圳土地单位产出为 5.89 亿元/平方公里，土地单位产出排在全国七个 GDP 万亿城市的第一位，比排在第二的上海多出 2.86 亿元/平方公里，幅度达到 94.39%，接近其 2 倍，比排在第七的重庆超出幅度更是达 4.8 倍之多，为 480.83%。深圳无疑是全国土地最具价值、产出密度最高的城市。但与新加坡的 18.4 亿元/平方公里、我国香港地区的 14.3%亿元/平方公里相比，仍有较大差距。

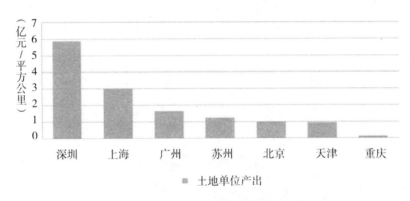

图4—8 2011 年主要城市地均产出对比

　　尽管 1995 年以来深圳的土地供给一直非常紧张，但根据目前的土地利用现状以及未来产业发展需求，未来的趋势只会是越来越紧。到 2020 年，国家批准的深圳总建设用地规模为 890 平方公里，根据全国第二次土地调查数据，深圳 2020 年前的这些年新增建设用地只有 79 平方公里，按照深圳第六次党代会精神和"十三五"规划的经济社会发展目标测算，这 79 平方公里连公共设施和基础设施的建设用地的需求都满足不了。有关研究表明，在不改变土地利用结构、土地利用效益、产业结构等因素的情况下，2020 年深圳土地资源可承载的人口、经济规模分别为 1000 万人、0.9 万亿元，事实上深圳 2015 年的人口和经济规模已经远远超过这个数字（分别是 1800 万人和 1.75 万亿元）。而根据深圳市第六次党代会精神和《深圳市国民经济和社会发展第十三个五年规划纲要》，2020 年深圳的 GDP 要达到 2.8 万亿元，人口初步估算将超过 2000 万人。因此，在现行模式下，2020 年土地资源将难以承载预期规模的人口，也难以实现预期规模的经济产出，深圳城市发展既受到土地供给紧张的约束，也将遭遇土地资源承载力瓶颈。

二是城市更新压力巨大，城市更新模式手段也有待创新。近年来深圳为解决发展空间不足的矛盾，大力推进城市更新和土地整备，综合运用城市开发单元、更新单元等新的政策，向高水平的城市"二次开发"要空间、要资源、要发展、要环境，既为眼前的增长提供动力，也为未来的高质量发展储备空间。但是我们必须看到，经过这几年的实践，深圳城市更新也存在一些迫切需要改善或解决的实际困难。如更新单元推进过程中的利益博弈问题，大部分城市更新单元推进缓慢，而各方利益难以平衡协调是主要原因之一。目前大部分社区均存在一定的历史遗留问题，如征地返还用地、生态控制区域及河道蓝线控制区域的清退等，而在申报城市更新单元计划时，利益在更新中有较大提升的片区比较有改造动力，全市还缺乏整体统筹的思路。城市更新项目开发成本过高，实施主体资金压力大，以及难以预测的拆迁成本、不断上升的建筑安装成本、较高的评估地价成本，这些共同给实施主体造成较大的资金压力，同时也让城市更新的效果大打折扣，没能形成改善刚性约束的目标。

三是推进特区一体化进程中没有留足城市空间扩张的缓冲地。2010年深圳经济特区扩大到全市，此后特区一体化进程快速推进。为了更好地发挥优势，突出各区在区位、资源、产业、科技、人才和环境等方面的优势，深圳提出"差异化"的空间发展策略，即在 11 个城市组团的基础上，通过组团的融合，逐渐演化为城市核心区、西部滨海区、中部地区、东部地区、东部滨海地区五个城市功能地区。但是，与国内其他城市的空间结构相比较，深圳最特殊之处在于没有郊区。而城市郊区正是单个城市经济发展过程中的缓冲地带，或者拓展腹地。加强与周边地区区域合作固然是拓展腹地的一种方法，但这种缺乏缓冲地带的空间结构一方面制约深圳城市扩张，另一方面也要挖掘与周边城市合作的空间潜能。

四是外溢发展空间有待拓展。深圳经济社会发展已经到一定阶段，就必然产生"外溢效应"，而外溢效应的最直接结果就是经济辐射。深圳经济辐射呈散发性网络状，从距离与辐射的角度，东莞、惠州地区辐射效应最大，其次是珠三角，再次是国内地区与海外地区。深圳与其他城市经济辐射最大的不同，在于外向型经济辐射的资源与条件较好，辐射的效应与力度也明显高于国内其他城市。但是目前深圳外溢发展的经济腹地资源并不充分，特别是因为广州与深圳两者空间距离不超过100公里，其经济腹地资源与经济辐射作用存在着重叠与对冲。深圳经济腹地北上，将遇到广州经济辐射的重大影响；如果深圳的经济腹地南下则几乎没有空间，因为香港的经济发展还需要借助其北的地理空间发展；如果深圳经济腹地西移，受到的是交通原因以及广州经济辐射的传统影响；唯一的选择是经济腹地东进，包括东莞和惠州地区，具有作为深圳经济腹地中心的潜力，但深莞惠合作目前尚存在参与不积极、市场主体尚未形成，产业同构严重、产业融合不足，基础设施重复建设、交通网络不衔接等问题。

五是与全国其他经济发达城市之间你追我赶式的"赶超"竞争压力较大。在横向对比中更能发现，深圳经济高速增长的绝对优势目前已经不存在了。为了进行有效的对比，笔者按照2014年GDP总量大小，选取了10个城市（包括深圳、上海、北京、广州、苏州、天津、重庆、杭州、青岛和无锡）进行横向比较，如图4—9所示。

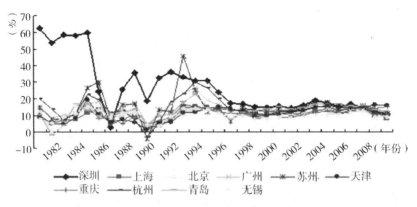

图4—9　全国10个城市 GDP 增长速度比较

资料来源：根据深圳统计年鉴数据制作。

从图4—9可以看出，从1980年到1992年，除了1985年、1986年两个特例之外，深圳的增长速度都远远高于其他城市。1992—2004 年，深圳的经济增长速度有了比较明显的下降，但是除了几个特别的年份，深圳的增长速度依然要高于其他城市。但 2004 年之后，深圳的增长速度开始系统地被其他城市超越了，2005 年，深圳被青岛和苏州超越，居于第三位；2006 年短暂地恢复了涨幅第一的地位，之后便一路下滑，2007 年、2008 年、2009 年分别位于 10 城市中第六、第六和第五位，增长率排名居于历史最低点。2010 年、2011 年深圳 GDP 规模虽然位居全国第四，但其增长速度已经低于位列第五、第六的苏州、重庆了。

2015 年 GDP 超万亿元的城市共有 10 个，依次为上海、北京、广州、深圳、天津、重庆、苏州、武汉、成都和杭州，其中杭州首次加入 GDP 万亿元行列，前十位城市 GDP 总量为 162059.30 亿元，占全国近 1/4（24.0%）。从 GDP 总量来看，排在首位的是上海（24964.99 亿元），末位的是杭州（10053.58 亿元），深圳位居第四（总量为 17502.99 亿元）。与此同时与第三位广州（18100.41 亿元）的差距在缩小，即由 2014 年的 705 亿元缩小至 597 亿元，与第五位天津（16538.19 亿元）的差距在拉大，由 2014 年的 280 亿元增至 965 亿元。从增长角度看（按可比价计），重庆最快，达 11.0%；上海和北京最低，均为 6.9%；深圳为 8.9%，位居第四[①]。如图 4—10 所示。

六是特区优势已经明显减弱，特区各方面的影响力持续下降。早期深圳经济社会发展得益于中央和全国各地的支持，得益于深圳作为全国改革开放试验地的条件，得益于毗邻香港的区位优势。现在全国都对外开放，先行优势不复存在，早期发展依赖的各种政策已不为深圳所独有，加上香港受各方面因素的干扰目前乃至今后很长一段时间经济社会发展都会缺乏活力甚至出现停滞，毗邻香港的区位优势也日益弱化。另外，全国其他地区特别是国内其他新兴城市的后发优势明显，特区在全国的影响力不如从前。

[①] 张骁儒主编：《深圳经济发展报告（2016）》，社会科学文献出版社 2016 年版，第 20 页。

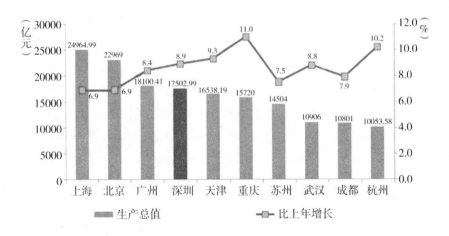

图 4—10　2015 年国内十大城市生产总值情况

资料来源：根据深圳统计年鉴制作。

　　七是国内的全方面开放让深圳面临着"百舸争流"的竞争局面。中国改革开放是从沿海地区开始的，沿海地区先后通过设立经济特区、开放 14 个沿海城市、开发开放上海浦东等重大政策，使该地区成为中国经济最活跃、吸引外资最多、经济总量最大、对国家贡献最大、对外影响力最大的区域。中国沿海地区在多年的发展中，正在越来越重视城市间的联合，越来越重视城市圈共同发展的问题。已经被广泛提到的是三大城市经济圈，分别是环渤海经济圈、长江三角洲经济圈和珠江三角洲经济圈。事实上，长三角和珠三角城市圈是客观存在的，而环渤海则更像一个自然空间概念，在渤海湾地区，分布着若干个内在关联度较强的城市圈。环渤海地区的核心城市圈是以首都北京为支柱的区域城市圈。2001 年 11 月中国加入世界贸易组织，中国进入了全方位改革时代。中国沿海城市面临更大的机遇和挑战，正在酝酿着巨大的发展模式的变革。随着中国加入 WTO 和更加开放地参与国际竞争格局的形成，深圳面临全国改革开放竞争，在竞争中保持经济特区的优势，必然要转换经济增长方式，进行制度创新。转变经济增长方式，推动产业由高投入、高消耗、高排放、低效率向低投入、高产出、低消耗、低排放、高效率转变，或者说由外延式、粗放型增长向内涵式、集约型发展转变，是深圳经济可持续发展的内在需求，也是当前必然要面对的重点和难点。

八是城市环境质量总体良好，但与国际化城市有不小差距。30 多年来，深圳一直重视生态环境建设，确定了"生态立市"的基本方针和生态宜居城市建设蓝图，经过多年努力，目前总体环境质量良好，经济、社会与环境处于可持续发展的良性轨道，绿色发展水平国内领先。深圳先后被联合国授予"世界人居奖"、国际花园城市、环境保护全球500 佳、联合国保护臭氧层示范城市等荣誉，这些是对深圳生态宜居的肯定和中肯评价。但与新加坡、香港、首尔等当今国际性城市进行对比，会发现深圳还是存在明显差距的。从环境资源利用效率来看，以2014 年为例，2014 年深圳万元 GDP 能耗、万元 GDP 水耗在全国大中城市中是最低的，但与纽约、香港、新加坡对比，差距却相当显著，经粗略估算，深圳万元 GDP 能耗大约是纽约的 2.8 倍、香港地区的 2.6倍，万元 GDP 水耗大约是香港地区的 3 倍、新加坡的 3 倍。从整体环境质量来看，在全国重点城市中，深圳整体空气质量处于国内较好水平，但按欧盟的空气质量标准，深圳空气环境质量有明显差距，要达到国际城市的标准，按照目前我们制定的提升策略和计划还需要 5—10 年的时间。

九是生态环境超负荷，城市形态固化强化了资源环境的刚性约束。深圳生态资源总体情况良好，但已经处在超负荷运转状态。水环境容量COD 排放量尽管小于环境容量上限，但还是超过环境容量的 196.7%，NH_3-N 排放更是超过环境容量的 1073%，水体富营养化比较严重，地表水污染也十分严重。从大气环境容量看，尽管深圳 SO_2 及烟尘排放没有超过环境容量指标，但 NO_x 排放超过环境容量近两倍。从城市固定废弃物处理来看，尤其是生活垃圾的排放超过处理能力，目前每年仍然有超过 25 万吨生活垃圾没有进行无害处理，只是简单填埋处理。另外噪声污染问题也越来越突出，功能区噪声的 0 类区、4 类区超标较为严重，各功能区的夜达标率都低于昼达标率。

另外，尽管每年的降雨量很大但深圳水资源却极度匮乏，人均水资源拥有量非常低，河流水质经过这些年的改造，虽整体已出现明显改善，但部分河流污染的状况仍未有明显改观，河流污染与国际城市定位存在比较大的差距。从需求端看，深圳用水量远远低于北京、上海，仅为上海的 1/6 左右，城市整体水资源消耗处于较低水平，但深圳全市近八成城市供水依靠境外引水来解决，以目前的情况即使充分考虑再生水、雨水、海水等非常规水资源利用情况，深圳未来几年仍将存在 2 亿立方米左右的用水缺口，因为深圳近两年的用水量已经超过了广东省政府分配的 19 亿立方米"红线"，接下来深圳很有可能陷入即使有水也不能用的尴尬局面。

此外，经过 30 多年的高速发展，城市的基本框架已经形成，资源环境供给总量增加受到了城市空间限制，资源环境承载逐渐成为影响深圳发展重要的刚性约束性因素。可利用的新增建设用地已经没有多少，人均用水量接近国际城市最低标准线，城市污染物排放突破环境容量上线，城市交通已经拥堵不堪，这些支持深圳快速发展的基础性资源与环境，变成了阻碍深圳未来发展的重要瓶颈。

二　深圳产业转型升级过程中存在的主要缺陷和不足

深圳经济社会快速发展的同时，也积累了许多深层的矛盾和问题，而且这些矛盾和问题随着发展阶段和发展水平的提升不仅没有减弱和消失，反而更加明显地表现出来，成为未来深圳产业进一步转型升级的巨大障碍。主要表现为：在参与全球产业分工中，除了少数企业和个别产业外，深圳的产业特别是生产型企业整体处于价值链低端；第三产业中知识相对密集的生产性服务业比重较低，与世界先进国家或城市有较大差距；大部分产业技术以一般适用型技术为主，关键核心技术对外依赖度较高，基础研究源头创新能力不足；劳动力总体层次较低，高端人才和技能型人才都很紧缺等。深层次考察和比较研究发现，深圳的经济增长方式仍没有完全摆脱外延式、粗放型特征，而外延式、粗放型增长方式早在 90 年代中期就开始面临深圳土地空间逼仄、能源和水资源紧缺、人口密度过大、环境承载力减弱等瓶颈性因素的制约，经济高增长与资源紧约束之间的矛盾开始凸显，亟待通过变革生产方式和产业转型加以解决。总体来看，深圳在产业转型升级过程中存在如下主要不足。

一是经济增长仍然主要依靠资金的大量投入，迄今还没有完全从传统增长方式中摆脱出来。深圳作为经济特区，特殊的优惠政策促使它成为"资金洼地"，吸引了国内外大量资金。从 1979 年到 1998 年，深圳全社会投资总额年递增 45.0%，比同期国内生产总值年增长率高出

10.7 个百分点，年平均投资率达 58.9%。资金的大量投入带动经济快速增长，两者呈现极为明显的正相关关系。1979 年至 1985 年，投资率由 30% 上升到最高点 100%，同期国内生产总值增长率也特别高（平均达 65%），1986 年投资增长率骤然回落，同年国内生产总值增长率立即降为 2.7%；从 1987 年开始，投资增长率回升，经济增长率也随之回升。我们利用柯布—道格拉斯生产函数（$Y = A(t) L^{\alpha} K^{\beta} \mu$）对 1986—1992 年深圳工业增加值与技术进步率和就业人数及资金投放量之间的关系进行分析，发现技术、资金、劳动力对工业增加值总增长的贡献率分别为 11.74%、69.41%、16.73%。这一数据非常清晰地说明，深圳这一时期工业经济增长主要依靠资金、劳动力投入这种外延粗放的低效率形式取得，要素生产率的提升非常有限。1992—1998 年，深圳全社会投资总额仍保持高速增长势头，年均递增达 39.04%，而同期的国内生产总值递增达 31.5%。可见资金的大量投入是深圳经济高速增长的重要原因。

二是科技进步对经济增长的贡献率偏低。据测算，1995 年科技进步对深圳工业增长的贡献率为 30.92%，这个比率只相当于战后发展较快的发展中国家或地区的平均水平。从行业来看，科技贡献率最高的是食品行业、医药行业，分别达 65.13%、37.19%，而这两个行业产值占工业总产值比重却很低（两者加起来才占 31.26%），相反占国民经济比重和工业总产值比重都较高的电子、通信行业（1992 年占工业总产值的比重为 45.54%）其科技贡献率却只有 21.19%。作为深圳特区工业发展生力军的三资企业，其科技贡献率为 25%，低于全市工业的平均水平。高新技术产业产值占工业产值的比重仍偏低，2010 年这一比率为 35%。2015 年深圳科技进步贡献率预计将达到 60% 以上，高技术产业的增加值占 GDP 比重要达到 35% 以上①，全社会研发支出占 GDP 比重超过4%。研究显示，2005—2010 年，全国科技进步贡献率达 51%，2015 年可提高至 55%②，由此可见深圳的科技贡献率比全国高约 10 个百分点。

---

① 许勤：《2015 年深圳科技进步贡献率将超 60%》（http：//finance. sina. com. cn/hy/20110626/091210048212. shtml）。

② 《如何科学认识和测算科技进步贡献率》（http：//tech. ifeng. com/discovery/detail_2012_09/23/17835903_0. shtml）。

　　三是劳动力总量增长快而且能耗高。据统计，1979年到1998年，深圳市社会劳动者人数增长22.6倍，年均增长率高达19.6%，其中年末职工人数年递增21.3%，城镇个体劳动者年递增34.3%，由此可见深圳经济高速增长与劳动力的高度增长是一致的。能源使用量是表明一个国家或地区经济社会发展的现代化发达程度的指标，节能型经济增长方式是现代化集约型经济增长方式的特征之一，据统计深圳万元工业总产值综合能耗，1990年为0.3吨标准煤，1994年上升到0.38吨标准煤。这在一定程度上说明深圳经济的高速增长建立在高能耗的基础上。

　　四是产业结构还不尽合理。深圳第三产业占整个三大产业总值的比重1990年达到45.6%，就业比重达24.1%，而同期香港第三产业的产值、就业比重分别达74.7%、64.4%，相比之下深圳的第三产业发展还很落后，虽然到1998年底深圳第三产业产值比重已上升到48.7%，但与国际性城市的差距仍然很大。深圳经济特区的第二产业相对比较发达，1990年第二产业的产值、就业比重分别达到49.6%、69.8%。但在第二产业中，食品加工、纺织服装及其他纤维制品制造业、医药、塑料、仪器仪表及文化、办公用机械制造业占了很大比重。这些行业生产的产品劳动密集程度高而技术含量低，这说明总体上看深圳第二产业还处于较低水平；从产业结构整体效益来看，通过产业结构偏离度来分析，发现深圳产业结构偏离度由1980年的34.0%下降到1988年的18.4%，但从1989年开始又持续上升，这也可以说明深圳产业结构整体效益从1989年开始下降。

　　五是企业组织规模较小，名牌产品不多。规模经济是现代市场经济中获得经济效益的基本手段之一。因为有了相当的规模，才便于利用先进技术，才能降低成本，才能有较高的市场占有率。目前世界500强大型企业，无一不是大型跨国企业集团。深圳企业组织规模较小，真正意义上的跨国公司还只有华为、中兴，比亚迪和腾讯离真正的跨国公司还有不小的距离，在国内有较大影响的跨地区企业集团为数不多。在国际上排名前100位的工业企业中，也只有华为、中兴两家。经过30多年的发展，虽然涌现了一批国内名牌产品，但数量不多，规模不大，缺少世界知名度，不少产品在国际市场上只能同其他国家产品进行低价竞争，一直处于不利地位，由此造成无法估量的损失。

第五章

深圳推动产业转型升级的
政策建构和主要做法

深圳改革开放以来 30 多年的经济高速发展举世瞩目，国内外学者也从不同角度进行研究，对深圳的发展给出了各种不同的解释，应该说这些研究和解释理论水平、学术水平都很高，得出的研究结论也非常准确、全面、客观，值得我们学习和借鉴。笔者认为，从发展模式上看，特别是从深圳产业升级的轨迹来看，深圳的发展实质上是一种转轨经济发展模式，是由计划经济向市场经济的转换，也是由计划调节为主、市场调节为辅，到计划与市场都是发展经济的手段的转换。目前深圳基本上实现了发挥市场配置资源的基础作用，接近于党的十八大报告提出的发挥市场在资源配置中的决定作用的程度。但是，无论"看不见的手"如何发挥作用，在深圳的产业升级中，"看得见的手"都发挥了无可替代的作用，深圳这方面的许多做法确实体现出了独特性。

第一节　深圳推动产业转型升级的政策建构和举措

为了推动产业升级，深圳推出了一系列行之有效的政策和具体实施措施。所不同的也是特别有独特性的是，深圳推进产业升级的所有政策和举措都是遵从经济规律和市场取向的，也都是尽可能发挥企业的市场主体作用的，尤其是特别注重充分发挥民营企业的生力军作用和外资企业的带动作用。

一　创造性地发挥政府在产业升级中的引导作用

深圳经济特区建立以来最大的特点就是改革创新。总结深圳 30 多年的做法，可以归纳为：为了发展经济，提升产业水平，首先是政府推动，进行制度创新。深圳在进行制度创新时，充分发挥市场机制的作用，同时政府在制度创新中也发挥了引导作用，应该说这也是当时我国整个国家体制环境所决定的。著名发展经济学家刘易斯在《经济计划原理》一书中论述道："计划化对政府要求承担的义务，在发展中国家要大于在发达国家。在发达国家中，许多需要政府做的事可以让私人企业去做；而在发展中国家，建立工业中心，进行农业革命，控制外汇汇率，以及提供公共服务和普通立法等等都需要行政机构做。"[①] 进入 90 年代，面对前所未有的发展新机遇，深圳根据当时的经济发展现状，运用行政手段"扶持一批，优化一批，限制一批，淘汰一批"，整顿二级企业，限制三级企业，淘汰四级企业，进一步完善规范集团化大企业。在激烈的市场竞争和企业竞争中，很多企业由于经营不好，倒闭破产或者违法停业，但是另一部分企业却在竞争中不断成长壮大，企业的规模越来越大，企业经营管理的水平越来越高，企业的经济实力和市场竞争能力也越来越强，在"九五"期间先后形成了一批集团式、多元化的综合性企业集团，扶持培育了一批超 50 亿元、百亿元的大型集团。

　　90 年代中后期，深圳特区为了抓住机遇，再造工业优势，提出了"三大产业协调发展"的方针，实施"三个一批"发展战略（形成一批支柱产业，创办一批大型企业集团，创造一批名优产品），坚持以高新技术产业为先导，先进工业为基础，第三产业为支柱，高速优化产业结构，鼓励引导外商来特区投资办厂，充分发挥计算机及软件、微电子及基础元器件、光机电一体化及通信、视听、新材料、医药生物工程等一大批新型主导产业的优势，并对传统的轻纺、服装、仪器、化工、皮革、塑料以及能源、建材、重点轻工等工业门类进行优化改造，引进高新技术，开发新产品，涌现出一批重点企业及"拳头"产品，从而使深圳工业增创了新优势。同时，外商投资比例增加，在国民经济中的比重上升，在带动特区经济增长的各种因素中居于主导地位，为深圳综合经济实力跃居全国第五位奠定了基础。

　　深圳引导企业在讲求"深圳效益"的同时，也监督企业规范自身行

---

① Lewis . W. A., *Principles of Economic Planning*, 1949, p. 128.

为，采取了一系列政策措施鼓励企业发展壮大。1993 年，先后出台了《深圳经济特区股份有限公司条例》、《深圳经济特区有限责任公司条例》、《深圳经济特区企业破产条例》等法规；1994 年，先后出台了《深圳经济特区合伙条例》、《深圳经济特区股份合作公司条例》、《深圳经济特区股份有限公司设立条件和设立程序规定》等法规；1995 年以后，又相继出台了《深圳经济特区企业清算条例》、《深圳经济特区国有资产管理条例》、《深圳经济特区私营企业暂行规定》等法规。以上这些文件，规范了企业行为，提高了企业素质，为深圳成长壮大一批骨干企业奠定了坚实的制度基础。在推动高新技术产业发展方面，深圳更是高瞻远瞩、敢于创新，一方面通过大规模增加"科技三项经费"等方式加大政府财政对高新技术产业的扶持力度，另一方面推出了一系列在国内属于前所未有的重磅政策，鼓励和促进高新技术产业发展。例如，2016 年 5 月在全球科技产业界地位崇高的深圳华为技术有限公司创始人任正非先生，在接受中央媒体专访时唯一提到的地方政策，就是深圳 1997 年推出的关于高新技术产业发展的"22 条"，该政策当时闻名全国并引致众多省市领导组团前来深圳学习；又如，深圳 1998 年创办并在 1999 年首次举办的"中国国际高新技术成果交易会"，成为深圳高新技术产业发展的一张名片。所有这一系列的政策和战略举措，奠定了深圳高新技术产业腾飞和"中国硅谷"的基础，也是深圳产业结构实现跳跃式升级的动力源泉。

当然，深圳作为中国社会主义市场经济改革先行一步的"试验者"，在某些领域存在转轨国家的特征，需要在市场化取向的改革方面继续努力。深圳建设社会主义市场经济体制早于内地，经济发展阶段已经开始呈现发达市场经济国家的某些特征，也正因为如此，以完善和规范市场经济体系为内容的结构改革也日益迫切。因此，深圳的改革创新应站在全球的视野，既要坚持以市场为取向的改革不动摇，又要充分吸收市场经济国家进行结构改革的基本经验和教训。深圳在新一轮的改革创新中，必须抓住改革的难点和重点，系统设计，重点突破，远近结合，操作性强。在体制改革和创新方面，坚持以"要素市场化、政府服务化、规则法治化、城市国际化"的改革目标，力争尽快建成更加规范、更加成熟、更具活力的市场经济体制。在"四化"中，"要素市场化"是核心;"政府服务化"是市场化的前提,即市场化能否顺利进行,取决于政府能否以及多大程度上从诸多领域中退出;而"规则法治化"则是市场化的保证;城市国际化是产业升级的标准。因此,四者是相辅相成的关系,是深圳建设现代市场经济体制和产业升级不可或缺的四个要素。因此,下一步深圳要做到以下几点。

一是进一步推进要素市场化。应当认识到,深圳已经建立了各类要素市场,但实质上深圳的要素市场发育不足或没有完全按照市场规则运作,市场主体尚不到位或受政府干预较大,存在着不公平的竞争或不公平的交易,市场化仍然不够规范和透明。因此,必须深化要素市场化取向的改革,形成比较完善的要素市场,实现程度更高、更优化的资源配置市场化。要借鉴国际惯例发展产权市场,促进深圳企业与国内外企业之间的产权流动;要努力培育和发展统一、开放、竞争、有序的多层次劳动力市场,充分发挥市场机制在劳动力资源配置中的基础性作用;要通过规范和完善建设工程招投标市场、土地房产市场以及产权交易市场等,推动国企改革和招商引资,着眼于从制度设计上减少贪污腐败的机会。

二是进一步推进政府服务化。所谓"政府服务化",就是要把政府的职能恢复到一般市场中的公共职能上来,即取消政府对资源的直接配置以及对经济的直接干预,归根结底就是要提高市场化的程度。因此,应当从根本上转变政府的职能,政府要做的事就是提供最好的公共服务以及为社会经济发展创造良好的硬件和软件环境,将职能定位由管制型政府彻底转变为服务型政府。

首先要把政府管制和审批减少到最小的范围,一方面通过政府法制法规和政府规章,对于禁止和限制的项目加以明确,给出详细的负面清单;另一方面政府只对不让干的和限制干的内容加以审批,除禁止和限制的内容外,其余全部放开,政府不再审批。

其次要尽可能地将公共服务职能通过市场化、社会化途径分离出去,实现公共领域的管理和服务向社会开放。第一,要积极推进城市公用、市政建设等公共服务领域的市场化,实现政府由直接"兴办"转向必要的"监管"。第二,推进公共服务社会化,将政府部门承担的一些专业性、技术性、事务性的工作彻底交由社会中介组织或事业单位承担。同时，强化社区综合服务，将政府部门一些事务性工作尽可能交给社区。

三是进一步推进规则法治化。"规则法治化"的目的在于建设规范化的市场经济，它的作用是为"市场化"提供保障。法治的作用就是既规制政府的行为，又规制市场、企业等的行为，使之不偏离市场化的正常轨道。深圳要建立完备的法制，首先，要建立公正、透明、廉洁、高效的法治政府，政务公开法定化，进一步推行行政体制改革和审批制度改革；其次，充分利用特区立法权的优势，清理法规、规章，与国际规则接轨；再次，建设法治文化和培育法律意识；最后，解决"一市两法"的问题，理顺城市管理体制。要加快制定适应市场经济和国际通行规则的地方性法规，为各类市场主体营造平等参与国际竞争的市场环境。通过规则法治化取向的改革，健全市场经济秩序，提高市场运作的法制化水平和规范化程度。

四是进一步推进城市国际化。国际化城市的建设是深圳在 90 年代初提出的目标，城市国际化，经济运行机制要依国际惯例。加快建设国际化城市，是加快转变经济发展方式，突破"土地有限、资源短缺、人口不堪重负、环境承载力严重透支"等制约因素，促进经济社会发展的重要举措，有利于以转型发展推动经济结构战略性调整、以创新发展加快国家创新型城市建设、以和谐发展建设民生幸福城市、以协调发展加快经济特区一体化进程、以低碳发展构建资源节约和环境友好型社会，加快"深圳质量"建设，进一步提升城市发展水平。2011 年 4 月深圳市政府又制定了《深圳市推进国际化城市建设行动纲要》。按《行动纲要》，在未来十年，努力把深圳建设成为东南亚地区的明星城市、亚太地区有重要影响力的区域性国际化城市。2015 年 5 月深圳市第六次党代会明确提出建设现代化国际化创新型城市的战略目标。可以预计，到2050 年，深圳与香港及珠江三角洲地区城市共同发展，将形成与纽约、伦敦、东京等城市比肩的国际化城市群。

二　深圳有效实施了一系列推动产业升级的战略举措

从 20 世纪 80 年代中期开始，深圳市委、市政府就高度重视经济发展战略的制定。从 90 年代中期开始，深圳推出了一系列具有远见卓识的产业发展战略，奠定了深圳产业高速升级的基础。

进入 20 世纪 90 年代，深圳进入了第二次创业阶段。当时深圳提出了"三个一批"发展战略，加快"三个转变"，把深圳建设成为"一个基地、四个中心、一个胜地"的现代化国际城市。

"三个一批"发展战略的具体内涵是：形成一批支柱产业，发展一批大型企业集团，创造一批名牌产品。在市委、市政府领导下，集中人才、物力、财力组建和发展一批跨行业、跨地区，甚至跨国经营的集工、农、科、贸于一身的大型企业集团。这些企业集团要以《公司法》为依据，政企分开，建立现代企业制度；以名牌产品为龙头，以产权为纽带，以市场经济为导向，转换经营机制，调整第一、第二、第三产业结构；创立市级、省级、国家级甚至国际性的名牌产品，使之成为深圳市公有制经济的骨干企业，带动全市经济上台阶，管理上水平，成为建设高新技术产业基地和区域性的金融中心、信息中心、商贸中心、运输中心和旅游胜地的主力军，为实现深圳跨世纪的宏伟目标而努力。

从 1996 年开始深圳全力以赴落实"三个一批"发展战略的各项举措，大力发展"四大体系"和"七大主导产业"：完善发展与国际金融市场接轨的金融服务体系，与国际通信网互联的信息工程体系，内外贸结合的商贸展览体系，联结国内外市场的海陆空综合运输体系；重点抓好计算机及软件、微电子及基础元器件、光机电仪一体化、通信、视听、重点轻工和能源等七大主导产业，同时抓好港口、机场以及国际会展中心等 120 个总投资约 1600 亿元的重大项目的建设，完善交通网络、通信网络和城市功能的配套设施，促进金融、商贸、通信、信息、旅游、房地产等支柱产业的发展。

1996 年 7 月，深圳又提出了在"九五"期间，重点扶持 30 家大型企业集团，要求在 30 家企业中，率先建立与完善现代企业制度，优化产业结构、产品结构和企业组织结构，将改革、改组、改造和加强管理结合起来，建立以产权为纽带的母子公司制度，带动一批中小企业形成专业化、集体化的社会大生产体系，提高骨干企业的规模经营水平，成为一支以支柱产业、拳头产品、高科技和高附加值产品为龙头的大型集团公司，使国有资产逐步退出小企业，向竞争力强的大型集团公司集中，完善国有资产管理体制，带动全市经济再上新台阶，为深圳二次创业奠定坚实的基础。

　　所有这些战略的实质，就是推动产业升级，调整经济结构和产业结构。1995年以来固定资产投资中工业投资的比重不断加大，1996年占26%，1997年占32%，1998年占35%。1995年1月，市政府审时度势，确定将信息技术、生物技术、新材料技术作为深圳市重点发展的高新技术领域。市政府发挥推动和引导作用，努力营造发展高新技术产业的市场环境、人才环境、政策环境、法制环境、产业配套环境、良好的生态和生活环境，积极推动科技体制和经济体制改革，比较好地解决了科技与经济两张皮的问题。1998年末，全市高新技术产业产值约900亿元，约占工业总产值的50%，高新技术产品的产值655亿元，占工业总产值的35.4%，其中拥有自主知识产权的比重达43%。从深圳情况看，加快经济发展既要注重投资的拉动，根据需要和可能扩大投资规模，又要注重市场的拉动，更好地利用两个市场、两种资源，把扩大外贸出口和扩大内需结合起来；既要注重强化经济管理，搞好增产节约、增收节支，又要注重优化产业结构，继续发展先进工业、第三产业。深圳由于对发展高新技术产业认识早，行动快，措施得力，高新技术产品产值连续五年以超过70%的增幅发展，到2000年高新技术产品产值占工业总产值的43%以上，使之成为深圳经济的第一增长点。2000年之后，通过加快实施"科教兴市"战略，建立和完善科技与生产、科技与经济相结合，以企业为科技开发主体的、能有效促进发展的新机制，重点发展电子信息、生物技术、新型材料、机电激光、医疗器械等主导产业，办好一年一度的高科技成果交易会，建立高新科技风险基金和投资市场体系。2010年，深圳又提出了发展战略性新兴产业和建设国家创新型城市的战略，在《"十二五"国家战略性新兴产业发展规划》的基础上，围绕国家战略部署和本地区总体经济情况进行产业布局，大力实施创新驱动发展战略，先后出台了生物、互联网、新能源、新材料、文化创意、新一代信息技术和节能环保等七大战略性新兴产业发展规划和政策，推进实施产业发展增量优质、存量优化"双优工程"。2015年深圳战略性新兴产业实现增加值7003.48亿元，同比增长16.1%，占全市生产总值比重40.0%，比上年同期提高4.4个百分点。深圳90年代以来的各种政策措施，极大地推动了深圳高新技术产业的发展，使得深

圳产业的整体技术水平持续提升，产业技术层次不断向高级化方向
演进。

三　外资企业和民营企业成为产业升级的市场主体

深圳的产业升级与转型是较为典型的市场选择的结果，而市场选择
中最具特征的，是产业升级过程中很大程度为以企业家精神和企业的前
瞻性决策所决定，政府在产业升级中的作用往往表现为事后推动。制度
变迁过程中，企业家、市场、政府、非政府组织四者之间博弈磨合，推
动产业升级的制度形成。深圳市场选择的集群发展制度主要是外资和民
营企业，这种外资和民营企业创新的体系，与政府管制下的制度创新不
同，是一种包容性制度创新，对于创新制度的失败与成功，社会可以包
容，创业本身也能包容。深圳的这些做法确实是独具特色，但笔者认为
没有可复制性，只有借鉴意义，下面分别举一个外资企业的例子和一个
民营企业的例子，来说明深圳这种包容性制度创新所具有的活力。

先看看外资企业的例子。台资企业富士康科技集团公司，属于典型
市场选择的制度创新与集群发展创新。富士康科技集团 1974 年创办于
台湾省，当时属于小微企业。1988 年开始在大陆深圳投资，也是一个
小厂。业务是简单的加工与装配，而且加工装配的产品也是一些技术含
量低、附加值不高的产品。经过 20 多年的发展，到 2012 年，公司拥有
百余万员工及全球顶尖客户群，是全球最大的电子产业科技制造服务
商。进出口总额达 2446 亿美元，按海关统计，占中国大陆进出口总额
的 4.1%，2011 年旗下 19 家公司入围中国出口 200 强，综合排名第一；
2012 年跃居《财富》全球 500 强第 43 位。

作为外资企业的代表性企业，富士康公司虽然也是以代工为主，但
是代工的产品已经是高新技术产品，产业发生明显的升级。在持续增强
精密模具、关键零组件、机电整合模组等产品既有技术优势的同时，富
士康积极推动跨领域科技整合，在纳米科技、精密光学、环保照明、平
面显示、自动化、热声磁、工业量测、半导体设备等领域均取得累累硕
果。富士康—清华纳米科技研究中心在碳纳米管可控生长和应用研究领
域，持续取得开创性成果。集团自主开发的工业机器人"Foxbot"，在
全球业界赢得技术及制造上的后发优势。集团检测中心是 ILAC 国际实

验室的合作组织，在 R&D 验证、产品检测、仿真实验、材料实验等方面处于业界领先水平。富士康已建立起遍布亚、美、欧三大洲的专业研发网络和知识管理平台。积极推进跨领域科技整合，在纳米科技、精密光学、环保照明、平面显示、自动化、热声磁、工业量测、半导体设备、云运算服务等领域均取得丰硕成果。2012 年，集团全球专利申请13000 件，其中 80% 以上为发明专利，连续七年名列大陆地区专利申请总量及发明专利申请量前三强。富士康集团在发展的同时，带动了产业集群的发展与产业升级。

再看看民营企业的例子。民营企业推动产业升级对深圳十分重要，因为深圳本身产业基础并不雄厚，在市场选择的基础上产生一批高科技企业与企业家，这些企业和企业家带动深圳高新技术产业的发展。深圳华为技术有限公司是民营企业带动深圳产业升级的典型。1987 年华为公司创立于深圳，成为一家生产用户交换机（PBX）的香港公司的销售代理。1990 年开始自主研发面向酒店与小企业的 PBX 技术并进行商用，1992 年开始研发并推出农村数字交换解决方案。到 2012 年，华为持续推进全球本地化经营，加强了在欧洲的投资，重点加大了对英国的投资，在芬兰新建研发中心，并在法国和英国成立了本地董事会和咨询委员会，在 3GPP LTE 核心标准中贡献了全球通过提案总数的 20%，发布业界首个 400G DWDM 光传送系统，在 IP 领域发布业界容量最大的480G 线路板，和全球 33 个国家的客户开展云计算合作，并建设了 7 万人规模的全球最大的桌面云，推出的 Ascend P1、Ascend D1 四核、荣耀等中高端旗舰产品在发达国家热销。华为进行产品与解决方案的研究开发人员有 70000 多名（占公司总人数 45%），并在德国、瑞典、美国、法国、意大利、俄罗斯、印度及中国等地设立了 16 个研究所。截至2015 年 12 月 31 日，华为累计申请专利超过 10 万件，2015 年华为向苹果许可专利 769 件，苹果向华为许可专利 98 件，华为向苹果收取大量专利许可使用费，业内估计高达数亿美元。根据世界知识产权组织公布的报告，华为从 2007 年开始其专利申请数就高居全球前五位，2014 年和 2015 年更是以 3442 项和 3898 项的数量蝉联第一。华为 2015 年研发投入高达 92 亿美元，超过苹果的 85 亿美元。目前华为公司成为民族高科技企业的一面旗帜，成为高科技产业发展的领导者，是中国企业自主创新的典范，也是我国第一家与世界高科技大企业正面交锋中崛起的跨国科技企业。2015 年华为的销售收入达 3900 亿元人民币，约合 600 亿美元。2015 年华为不仅在"量"上取得惊人成绩，在"质"上也获得良好口碑，GFK 数据显示 2015 年华为智能手机在中国市场超越苹果、三星，零售份额排名第一，用户净推荐值（NPS）赶超苹果，位列榜首。华为总裁任正非先生 2016 年 5 月参加全国科技创新大会时，做了题为"以创新为核心竞争力，为祖国百年科技振兴而奋斗"的汇报发言，他在发言中称，华为有 8 万多研发人员，每年研发经费中，20%—30%用于研究和创新，70%用于产品开发，很早以前华为就将销售收入的 10%以上用于研发经费，未来几年每年的研发经费会逐步提升到 100 亿—200 亿美元，华为 2020 年的销售收入要超过 1500 亿美元（1 万亿元人民币）。一个世界级科技巨头已经成长起来，未来将继续带领深圳的民营科技企业走向世界。

四　完善企业市场选择与集群发展的制度体系建设

深圳产业升级的一个重要举措是集群化发展带动产业整体升级，这与国内和国际上通行的产业升级途径有一定的差距，这也是深圳产业发展的特色。企业通过集群，可以克服资本、技能、技术和市场方面的限制。集群有助于集群内企业成长和竞争，通过促进知识和技术扩散及专业生产，利用好当地的成本优势，培养生产价值链，实现集群的联合效率。①

深圳的集群化发展与一般的集群化发展不同，由政府主导的企业集群发展，到产业集群发展转变。深圳特区创建后，先后划出了"蛇口工业区"、"南油开发区"、"华侨城"三大块地方，分别组建了招商局蛇口工业区有限公司、深圳南油（集团）公司、华侨城集团公司三家企业，负责综合性开发建设和经营管理。经过 30 多年的时间，作为特区的一部分：蛇口、南油、华侨城都已建成为深圳特区内的著名城区和经济组团。

---

① 曾智华：《知识、技术与非洲企业集群的增长》，《中国经济特区研究》2011 年第 1 期，第 89 页。

一是招商局蛇口工业区有限公司产业集群区。由香港招商局牵头投资开发的蛇口工业区创建于 1979 年，规划用地 13.55 平方公里，招商局蛇口工业区有限公司的前身是"招商局蛇口工业区指挥部"，1981 年改制成立"蛇口工业区管理委员会"。该公司作为蛇口工业区的综合开发商，承担了区域内的开发建设和经营管理，成为以区域性开发为主的多元化、综合性的企业集团。该公司拥有港务、石化、地产、商贸实业等全企业和参股企业 100 多家，1994 年开始成为深圳市企业集团综合实力排名第一的龙头企业。该公司先后投资 100 多亿元人民币建造的蛇口港已成为深圳特区西部的海上门户和华南地区重要的水运枢纽，拥有杂货、散货、集装箱、油气和客运码头泊位 36 个，其中万吨级以上码头 11 个，年吞吐能力达 1500 万吨，集装箱 50 万标准箱，并开通 8 条远洋直通航线。2015 年 4 月 20 日国务院批准《中国（广东）自由贸易试验区总体方案》，蛇口工业区成为广东自贸区的四个片区之一，该产业集群区迎来了新的发展机遇，可以预见将会实现更大的发展。

二是深圳南油（集团）有限公司产业集群区。该公司成立于 1984 年 10 月，前身是南海石油开发服务总公司，是由市投资管理公司、中国南油石油联合服务总公司及中国光大集团共同组建的中外合资企业，负责对南油开发区 23.01 平方公里地域进行综合开发建设和统筹经营管理。南油开发区只用了 10 多年时间开发建设，先后在开发区内建成了 4 个工业区，400 多家企业在这里安家落户，形成了港口、仓储、能源、旅游、商贸、房地产、纺织印染、电子电器、建筑材料、石油化工等多种产业。南油集团投资 190 多家企业，并在上海、广州、大连设有分公司。至 1995 年，南油集团总资产逾 172.2 亿元，净资产 125 亿元，属深圳市"一类一级"企业。1996 年列入广东省 70 家大型企业集团。这一集群区充分发挥其土地资源和人才资源的优势，坚持以港口开发为先导，先进工业为基础，房地产、商贸、仓储等第三产业为支柱，相应发展金融、保险、信息、旅游、海上石油服务等产业，把开发区逐步建设成为特区西部一个先进的工业基地和环境优美的海滨城区。

三是华侨城集团公司产业集群区。该公司前身是华侨城经济发展总公司，1987 年 10 月正式更名为华侨城集团公司，拥有康佳、华侨城、房地产、"锦绣中华"、"世界之窗"等数十家下属企业，主要进行资本经营和资产管理，行使资产运营中心、投资中心、财务结算中心、效益监控中心和产权代表管理中心的"五大中心"职能，负责对华侨城区的开发、建设与经营管理。

华侨城是改革开放 30 多年来，中国新建设起来的饮誉中外的著名人文景区，至 2012 年，形成了四大主题公园、三大酒店、四大文艺体育中心等 10 多个观光景点，也是特区内工业发达、景观齐全、文化丰富、环境优美的文明城区。该公司坚持资本经营与产业经营并举，以市场为导向，以高科技为动力，推进企业的规模化、专业化、集约化经营和低成本扩张，形成了以工业为主导，工业、旅游业、房地产业、金融业为支柱的产业结构。

五 科学规划配置资源形成了产业升级主导区

在 2000 年前后，深圳科学规划了四大产业主体功能区，目的是加快高新技术产业发展，促使产业升级转型。

一是技术核心主体功能区。以市高新区、大学城片区为核心，加快形成科研开发基地。加快位于市高新区内的市软件园、留学生创业园、虚拟大学园、重点实验室平台大楼和院校产业化基地建设。大学城以建设资源共享的科技服务平台、实验室为重点，建成产学研一体的多功能、综合性、现代化的大学科教区。

二是西部高新技术产业主体功能区。以光明高新技术产业园区为核心，建设电子信息、新材料产业功能区。重点发展计算机、化合物半导体、电子元器件、平板显示、生物医药、新材料、医疗器械等高新技术产业，提升传统优势产业的技术水平，加快模具、内衣、钟表等产业集聚发展。

三是中部高新技术产业主体功能区。以龙华、观澜为核心，建设计算机、电信通信、机电一体化产业功能区。龙华片区形成以计算机设备、精密模具、机电一体化为主的电子信息产业链。坂雪岗片区形成通信与计算机产业集群，成为有国际影响力的 IT 产业园区。观澜片区主要形成电子信息、生物医药、新材料产业集群。在传统产业方面，加快小家电、服装、玩具、工艺礼品等产业集聚基地建设。

四是东部先进制造业主体功能区。以宝龙—碧岭—大工业区为核心，建设电子信息和装备制造产业功能区。重点发展数字视听、集成电路、生物医药、精细化工、新能源汽车等高新技术产业和先进制造业。在传统产业方面，促进家具、自行车等优势产业的集聚发展。

作为四大产业主体功能区建设的具体措施，深圳同时规划了九大产业集群区。按照生态型集约化的要求建设新型产业园区，推进加工工业向管理规范化、产业链条化的现代工业园区集中，促进产业集群化和品牌化，打造九大高新技术产业、先进制造业和优势传统产业基地。

一是福永—沙井高新技术产业基地。重点发展计算机及其配件、通信设备、电子元件、电气机械、文化办公机械、交通运输设备及化学原料等产业。二是光明—石岩高新技术产业基地。重点发展化合物半导体、平板显示、生物医药与医疗器械、集成电路、计算机与通信等产业。三是龙华—坂田高新技术产业基地。重点发展计算机与通信、平板显示等产业。四是宝龙—碧岭—大工业区高新技术产业制造基地。重点发展集成电路、计算机与通信、生物医药与医疗器械、新材料、新能源、汽车及汽车电子与配件等先进制造业。五是公明—松岗优势传统产业基地。重点发展电子元器件、五金、塑胶、化工、内衣、钟表、模具等优势传统产业和高新技术配套产业。六是观澜—大浪优势传统产业基地。发展汽车整车制造、汽车电子及配件等产业，发展家具、服装、塑胶、五金、专用仪表制造等相关配套产业及优势传统产业。七是布吉—南湾—横岗—平湖优势传统产业基地。发展家电、眼镜制造等优势传统产业及高新技术配套产业。八是龙城—坪地新兴产业制造基地。发展高新技术产业，建设新型显示器及相关配套产品、半导体照明、生物工程等产业基地。九是葵涌—大鹏新兴产业研发基地。该基地主要是发展高科技研发等生态环保和智力密集型新兴科技产业。

此外，2010年深圳提出了建设高端服务业功能区的构想，并选择前海作为实施这一发展战略的战略支点。从2010年开始，深圳大力推进前海发展，力争把前海建设成为深化深港合作的核心功能区。2015年前海被列为自由贸易试验区的试点，使得前海的发展定位更加清晰。目前深圳正在加快建设前海深港现代服务业合作示范区，力争把前海建设成为全国的示范性自由贸易区和高端服务业的引领区。同时，大力推进福田金融中心、蔡屋围金融中心区、南山金融商务区、龙岗金融服务基地、笋岗物流总部基地等高端服务业重大项目的建设，夯实金融园区、产业服务基地、服务业总部等高端服务业发展基础，发挥 CBD 综合环境优势，促进"环 CBD 高端产业带"的形成，实施高端服务业资助计划，推动基于互联网、服务外包、创业、深港合作的创新金融、现代物流、专门专业、网络信息、服务外包、创意设计等高端服务业发展。加快建设传统优势产业集聚基地总部功能区，全面推进后海、前海、龙岗区、光明新区等总部基地规划建设。

第二节　产业升级中主导产业的培育和发展平台建设

一　主导产业的演进规律及推动产业升级的机理

主导产业是指能够较多地吸收先进技术保持较高的增长速度并对其他产业的发展具有较强的带动作用的产业部门，是产业结构的核心内容和产业结构演化的主角。主导产业的思想渊源可追溯到亚当·斯密的绝对优势理论和大卫·李嘉图的比较成本分析。从比较优势理论可得到以下两点启示：第一，任何区域都不能"大而全"或"小而全"地发展所有产业，而应大力发展具有比较优势的产业；第二，产业结构政策不能仅仅停留在目前的支柱产业上，而应该用动态的眼光看待产业的潜在优势，通过国家政策的扶持、支援，幼小产业的比较费用可以变化并取得优势。但第一次提出主导产业概念的是美国经济学家赫希曼，他依据投入产出的基本原理，对产业间关联度与工业化的关系进行了详细的研究，首次提出了依据产业关联度确定主导产业的准则，即优先考虑那些对较多产业有带动和促进作用的产业。对资本相对不足、国内市场相对狭小的发展中国家来说，尤其要发展后向关联度较高的最终产业。稍后罗斯托对主导产业进行了明确、系统的研究，他认为主导产业有如下特点：一是依靠科技进步，获得新的生产函数；二是形成持续高速的增长率；三是具有很强的带动其他产业部门发展的能力。主导产业不是单一的某个部门，而是"主导产业综合体"，主导产业正是通过"前向效应"、"后向效应"和"旁侧效应"带动其他产业部门的发展，并促进社会经济结构的变化，为经济的进一步增长创造条件。20 世纪 50 年代，日本产业经济学家筱原三代平在规划日本产业结构时提出了选择主导产业的两个新准则，即"需求收入弹性准则"和"生产率上升率准则"。此后，一些经济学家对主导产业做了进一步研究，提出了一些新的准则，如短缺替代弹性瓶颈效应准则、增长后劲可持续性准则等。

根据经济和社会发展的历史经验，产业的高级化发展一般是通过主导产业替换而产生的。[1] 工业革命以来的产业发展实践表明，主导产业的转换和发展按顺序先后经过五个不同的历史发展阶段，如表5—1所示。

表5—1　　　　　　　　　　罗斯托主导产业进化[2]

阶段	主导产业部门	主导产业群
第一阶段	棉纺工业	纺织工业、采煤工业、早期制造业和交通运输业
第二阶段	钢铁工业、铁路修建业	钢铁工业、采煤工业、造船工业、纺织工业、机器制造、钢铁动力业、轮船运输业及其他工业
第三阶段	电力、汽车、化工和钢铁工业	电力工业、电器工具、机械制造业、化学工业、汽车工业，以及第二个主导产业群的产业
第四阶段	汽车、石油、钢铁和耐用消费品工业	耐用消费品工业、宇航工业、合成材料工业以及第三个主导产业群的产业
第五阶段	信息产业	新材料、新资源、生物工程等新兴产业，以及第四个主导产业群的产生

上述产业发展的五个历史阶段说明，在经济发展的历史长河中，产业结构的高级化、主导产业及其群体不断更替、转换的历史演进过程，是一个产业结构由低级到高级、由简单到复杂的渐进过程。罗斯托研究认为，经济发展就是通过主导产业的更替，不断地从一个阶段迈向另一个新的阶段。

随着经济活动范围的不断扩大和社会分工进一步深化，由单个产业充当主导产业的角色来带动整个经济发展和产业结构演进的现象并不常见，而越来越多的情况是由一组产业形成"主导产业群"来带动经济

---

[1]　根据苏东水主编《产业经济学》，高等教育出版社2000年版，第229—239页整理。
[2]　同上。

发展和产业结构升级（表5—2）。如由钢铁、电力、机械和化学等重化工业组成的主导产业群，就曾对许多国家的重工业化起了主导作用。目前，以电子技术、新手机技术、新材料技术、生物工程技术为中心的高新技术产业群，正在全世界范围内广泛地影响着经济的发展和改变着原有的产业结构。什么原因导致产业结构向高级化方向演化？著名经济学家熊彼特认为是创新。按照熊彼特的观点，所谓创新就是导入一种新的产出函数，可以大大提高潜在的产出能力。而产业结构的高级化过程，就是伴随着技术进步和生产社会化程度的提高，不断提高产业结构作为资源转换器的效能和效益的过程。因此，创新也就成为产业结构高级化演进的直接动因。创新对产业结构高级化的直接推动作用，主要可以通过以下两个途径来实现。

表5—2 罗斯托的经济成长阶段和相应的主导产业①

经济成长阶段	相应的主导产业
传统社会阶段	绝大部分以农业为主体
为起飞创造前提阶段	以农业为主体
起飞阶段	纺织工业、铁路、建筑
向成熟推进阶段	钢铁工业、电力工业
高额大众消费阶段	汽车工业
追求高质量阶段	服务业、城市建筑业

一是创新导致了技术进步。新的生产函数的导入，第一种表现就是在原有生产要素的状态下，通过系统内部结构的调整，提高系统的产出。显然，导入新的生产函数也就会导致系统的技术进步。而系统的技术进步，将带来产业结构的升级。

二是创新带来新的市场需求。新的生产函数的另一种表现形式是创造了新的产出。新产出的出现，又可以创造新的市场需求，使一部分潜在的市场需求转化为现实需求。而市场需求则可带来国民收入总水平和分配以及需求结构的变化。

① 根据苏东水主编《产业经济学》，高等教育出版社2000年版，第229—239页整理。

二　深圳主导产业的选择和培育主导产业推动产业升级的主要做法

产业升级效果的最直接体现是主导产业的变化。深圳产业升级过程中市场一直起着决定性作用。但不可否认的是，在充分发挥市场作用的前提下，深圳政府发挥了非常好的引导作用，而政府的引导作用就是通过选择和培育主导产业来实现的。

（一）主导产业的选择

现代城市发展历程表明，一个城市主导产业的战略选择，是城市经济发展战略的重点。选择和确定城市主导产业，主要有两个侧重点：一是产业的经济带动作用；二是产业的区位比较优势。从产业的经济带动作用确定城市主导产业的基点是，现代产业内部各产业部门之间存在着投入产出的天然联系，由于这种联系的存在，一些部门的经济运作会传导到其他部门，诱发其他部门的经济行为，从而带动整个经济的发展。这种产业间的联系被称作连锁效应。因此，确定城市的主导产业结构，就是要选择能产生最大连锁效应的产业部门，把有限的投资优先集中于这些部门，从而最大限度地发挥其连锁效应，推动经济的整体发展。在经济发展的不同阶段，客观上要求产业结构不断调整升级，选择和培育主导产业是产业结构调整的突破口和切入点，而主导产业的有序更替是产业结构高级化的表现形式。主导产业由于处于产业链中的关键环节，与其他产业具有很强的经济技术联系，其发展往往能带动一大批产业的形成与发展。因此，深圳非常重视主导产业的发展，80年代中期以来，深圳始终把扶持和优先发展主导产业作为最重要的产业政策。

通过研究深圳的产业政策，我们发现30多年来深圳紧紧抓住了改革开放不同阶段的不同机遇、顺应了新一轮科技革命和新一轮全球产业转移发展浪潮，使得深圳踏准了全球产业升级的脚步，归纳起来深圳在选择主导产业方面遵循了以下七个基准：一是从市场条件来判断，应有广阔的市场前景和市场竞争力。二是从产业之间的带动作用来判定，应有较强的带动作用。三是从技术创新与进步的角度来判定，应优先发展技术水平高，科技进步速度快，技术进步对产值、利润贡献大的产品。四是从吸纳劳动力能力的角度来判断，必须有较强的吸纳劳动力的能力。五是从城市比较优势来判定，要有较强的"动态比较综合优势"。

六是从参与国际市场竞争的角度来判定，应通过对世界生产要素的最佳组合、资源的最佳配置、营销战略最大限度的发挥来实现利润的最大化。七是从可持续发展的角度来判定，应把环保作为一个重要的衡量指标。

根据上述七个基准，深圳确立了自己的主导产业。正如本节第一部分所指出的，主导产业是一个产业群，不是一个单一的产业。但深圳的主导产业群与其他地区不同的是，30多年来深圳的主导产业可以说就是制造业的两个产业群（一个是加工贸易产业，另一个就是高新技术产业，2010年后是战略性新兴产业）和服务业的两个产业群（一个是现代金融业，另一个是现代物流业）。而深圳的特色主导产业体现在制造业，深圳的产业升级就是沿着加工贸易产业和高新技术产业（战略性新兴产业）这两条清晰路径向前推进的，虽然两者之间不时相互重合，但我们可以看出深圳产业升级过程中的主导者就是它们。笔者将在本章的第三节和第四节专门介绍深圳这两个产业的发展。

（二）主导产业的培育和推动产业升级的主要做法

深圳培育主导产业的主要做法是培育产业集群。具体来说深圳从以下几个方面培育产业集群。

一是政策扶持。无论是加工贸易产业还是高新技术产业（战略性新兴产业），也无论是现代金融业还是现代物流业，深圳的政策扶持力度可谓空前，很多产业政策都是国内首创，很多产业政策都特别契合发展实际。

二是始终坚持市场导向。完善市场体系，建立要素市场，完善企业竞争的市场环境和法制环境。

三是充分发挥企业的市场主体作用。深圳的所有政策都是围绕企业的，始终把企业放在市场竞争中，让企业在竞争中成长壮大，也让企业在竞争中优胜劣汰。

四是建设产业公共发展平台。比如发展园区经济，深圳最典型的做法是建设高新技术产业园区，在高新区内重点发展通信装备、计算机、生物医药、数字视听、软件、互联网等六大优势产业集群。深圳高新区产生了华为、中兴通讯、腾讯等在全国乃至全球的行业领军企业，引领了关键领域技术突破，实现了多项全球第一。园区以11.5平方公里的面积，培育出境内外上市企业 78 家，PCT 专利申请量、单位面积工业总产值、增加值、税收、研发投入强度及低碳节能等指标连续多年居全国高新区之首，成为引领全国科技创新及高新区科学发展的一面旗帜。

总结深圳 30 多年的产业发展过程和做法，本书把深圳推动产业转型升级的做法归纳如下。

一是深圳以结构优化推动产业转型升级。主要做法是提高现代服务业比重，优化三次产业结构；提升产业链层级，优化行业结构；扶持优势淘汰落后，优化组织结构；加强人口动态管理，优化人力资源结构；加强节能减排，优化能耗结构等。

二是通过扶持优势、淘汰落后、优化组织结构推动产业转型升级。2000 年后，深圳强化产业集群发展，形成通信设备及终端、半导体照明、平板显示、生物医药和器械、新能源、网络内容、数字装备、计算机及外设等一批超千亿元的产业集群。

三是鼓励行业并购和重组，支持优势企业做大做强。目前深圳已经形成多个跨国企业集团，在跨国经营方面处于全国前列，深圳企业通过在国外设立产业园区等方式，特别是通过在东南亚国家、非洲国家扩张产能，大大提升了跨国发展能力。同时，深圳大力推动加工贸易企业转型升级，加快加工贸易企业的本土化融合，培育外贸转型示范基地，推进非法人来料加工企业法人化转型。加快低端企业退出，综合运用法律、经济、技术和必要的行政手段，清理和淘汰低端企业。

四是通过发展高端重大项目带动产业升级。深圳以高端重大项目来带动产业转型升级。在积极引进高端项目方面，完善高端重大项目引进决策机制，缩短项目落地周期。加强招商引资工作针对性，重点引进互联网、生物、新能源、新材料、文化创意和新一代信息技术产业等战略性新兴产业以及重点产业链、价值链高端环节和缺失环节的项目。同时，大力引进大企业集团，超常规支持特殊重大项目。对华为、中兴、比亚迪、华大基因、长安汽车等单位特殊重大项目给予超常规支持，力争在新一代通信、新能源、生命科学、高端汽车等领域实现重大产业突破，带动行业内企业的转型升级。具体来说有如下做法。

第一，发挥高新技术产业园区的产业聚集、示范和带动作用。通过深圳高新区优化升级，积极推动珠三角产业布局一体化进程，在创新中转型、在转型中跃升，促进园区产业、社会、文化全面创新，在深圳创新型国家建设及转型升级工作中发挥引领示范作用。

大力构建创新平台体系，完善创新金融服务体系，打造科技合作体系。促进知识、技术等生产要素在各园区双向流动。以多层次全方位的创新平台体系，孵化培育高科技中小微型企业。出台专项政策引导大企业与中小企业之间的科技资源实现互动互利。通过各种渠道，聚集了一批高水平研发机构，引进了一批国际化创新型领军人才，形成了一批跨国创新型企业，辐射全市科技园区，引领全国科技创新，建成国际化高技术产业基地。到2015年，深圳高新区已经培育出通信设备、互联网和软件三个超千亿的产业集群。同时，吸引科技资源不断向高新区聚集，目前国家级重点实验室有3家，国家工程技术研究中心有4家，国家工程实验室有7家，国家认定企业技术中心有10多家。2015年，高新技术产品产值将占全市的30%；研发产业占全市的65%；企业主导或参与国际、国家及行业标准制定360项，占全市的45%。

第二，打造以自主创新为特征的新兴高技术产业基地。在发展壮大以电子信息产业为主导的高新技术产业的同时，积极培育和发展下一代互联网（NGI）、下一代网（NGN）、生物医药、新材料、新能源、海洋经济等新兴高新技术产业集群，大力打造以自主创新为特征的国家综合性高技术产业基地。2015年高新技术产业增加值占工业增加值比重达到75%以上。

第三，打造以自主技术为主体的先进制造业基地。充分利用深圳电子信息技术比较发达优势，拓展先进制造业的前沿领域，大力发展以自主品牌和自主技术为主的装备制造、汽车、航天航空和精细化工产业，加快从加工装配为主向自主研发制造为主转变。到2015年先进制造业增加值占工业增加值比重已经达到15%以上。

第四，打造以服务创新为核心的区域金融中心。大力推进金融改革创新综合试验区建设，鼓励金融机构进行机制创新、产品创新和服务创新，促进资本市场、货币市场、保险市场的对接，努力构建多层次的资本市场体系和多样化、比较完善的金融综合服务体系，建设区域金融中心。

第五，打造高端化为方向的现代服务业基地。以高端服务业为重点，大力发展现代金融、现代物流、现代商贸、科技服务、商务会展、服务外包、文化创意、信息服务、专门专业、总部经济等现代服务业，加快形成与国际化城市相配套的生产、消费、公共服务三位一体的城市服务功能体系，全面打造具有国际影响力的服务业基地。到2015年，现代服务业增加值占第三产业的比重达到60%以上。

第六，打造具有国际影响力的优势传统产业深圳品牌。积极推进高新技术产业与传统产业的融合渗透，加强传统产业配套建设和产业技术研发，培育一批龙头企业和龙头产品，打造具有国际影响力的"深圳品牌"。以品牌化、集约化为方向，以技术创新、管理创新、整合资源为手段，从产业实际出发，切实有效地推进传统产业走集约型、节约型、生态型、环保型发展模式，提高企业自主研发、设计水平，努力把优势传统产业改造成为先进制造业，提高传统优势产业竞争力。积极引导传统行业向加工与设计相结合转变，提高设计、工艺水平，提高产品的科技含量、附加值和市场竞争力，促进传统工业的优化升级。改造提升机械、服装、钟表、家具、印刷包装、黄金珠宝六大传统优势工业，培育一批具有技术先导示范作用的企业群和产业聚集基地。积极培育和发展自主品牌，着力培育一批著名品牌和龙头企业，形成在全国、全球具有竞争力的区域品牌。

第三节　技术创新体系的建立与高新技术产业发展

20世纪90年代以来，深圳大力发展高新技术产业，并根据自身条件建设有深圳特色的区域创新体系，目前已经形成了以产业化优势为特征的创新体系，打下了"中国硅谷"的坚实基础。2010年后，深圳大力发展战略性新兴产业，全力推进国家创新型城市建设，在科技体制改革、科技基础设施建设、科技创新环境建设方面，都取得了长足进步，为产业发展奠定了良好的体制机制环境。

一　建立以市场为导向、企业为主体的科技创新体系

完善区域创新体系，是推动全市高新技术产业持续快速发展的战略抉择。深圳根据自身科技资源特点和产业发展状况，不断完善以市场为

导向，产业化为目的，企业为主体，人才为核心，公共研发体系为平台，形成辐射周边、拓展海内外、官产学研资介相结合的区域创新体系。同时，依靠 90 年代中期以来形成的高新技术产业化独特优势，全面提升深圳高新技术的自主创新力、承接国际产业转移的持续吸纳力、对社会经济的强劲带动力和走向世界的广泛影响力，优化高新技术产业发展的软硬件环境，努力建设国际化的创新型城市。在良好的政策环境、知识产权保护环境和充分竞争的市场环境、鼓励创新容忍失败的社会环境下，深圳通过市场和政府的资源配置，推动企业成为研究开发和科技投入的主体，培育一批具有自主知识产权的高新技术企业，支持跨国公司制造业升级并本土化，不断强化企业在深圳市区域创新体系中的主体地位。著名的三个 90%（90% 以上的研发机构设在企业、90% 以上的研发人员在企业、90% 以上的研发投入来自企业），正是对深圳自主创新的最好描述。企业根据市场需求进行研发，已经成为深圳创新模式的最重要特征。

据统计，2015 年深圳全社会研发投入占 GDP 比重达 4.05%，这个数据比全国的平均水平高出 2 倍多。目前深圳已经建成的国家、省、市级重点实验室、工程实验室等各类创新载体达 1283 家，充分显示出深圳的研究开发强度和能力、潜力。依托这些科技创新载体，深圳目前已经成为专利高密度市，截至 2015 年底，深圳国内有效发明专利累计达 72120 万件，专利密度为 73.74 件/万人，高出国家"十二五"规划 2015 年每万人 3.3 件的目标 20 多倍，高居全国榜首。深圳专利授权情况如表 5—3 所示。

表 5—3　　　　　1991—2011 年深圳市专利申请授权概况　　　　单位：件

年份	申请总量	发明专利		授权总量
		申请量	授权量	
1991	261	49	1	160
1992	507	73	5	174
1993	696	82	10	427
1994	1009	160	9	414

续表

年份	申请总量	发明专利		授权总量
		申请量	授权量	
1995	1104	124	7	721
1996	1405	116	18	923
1997	1440	165	13	1260
1998	2093	233	16	1364
1999	3314	490	31	2116
2000	4431	669	1	2401
2001	6033	1033	7	3506
2002	7917	1846	91	4486
2003	12361	3526	276	4937
2004	14918	4751	864	7737
2005	20940	8327	917	8983
2006	29728	14576	1361	11494
2007	35808	19198	2 257	15552
2008	36249	18757	5409	18805
2009	42279	20520	8132	25894
2010	49430	23956	9615	34951
2011	63522	28823	11826	39363
2012	73130	28823	13068	48662
2013	80657	31075	10987	49756
2014	82254	32208	12040	53687
2015	105481	40028	16957	72120

资料来源：根据深圳市统计局官网（http：//www. sztj. gov. cn/xxgk/tjsj/tjnj/201304/
t20130424_ 2130913. htm）整理而成。

二　完善科技创新的制度体系建设

一是建立起了完备的政策体系和知识产权保护体系。包括促进高新
技术产业发展的"22条"在内的一系列促进科技创新和促进科技产业

发展的政策，成为深圳高新技术产业发展的优势所在。深圳的许多促进科技产业创新和产业发展的政策都是全国首创，如在促进知识资本化、产权市场化、产权主体多元化的政策方面，进行了很多探索和实践。深圳从 1996 年就率先在全国设立了知识产权庭，在知识产权保护方面形成了保护体系，极大促进了企业的创新。

二是大力推动科技财税体制创新。深圳形成以企业为主体的创新体系，除了得益于市场"看不见的手"的助推外，政府"看得见的手"的紧密配合也是一个关键因素。90 年代中期以来，深圳不断加大财政的科技投入力度，"十一五"、"十二五"期间，深圳市财政科技投入都几乎翻番。2008 年金融危机后，即使在受国际金融危机影响、财政收入增幅下降的情况下，政府对科技的投入依然保持了 40% 的年增长率。深圳还率先建立了 30 亿元的政府创业投资引导基金，全市拥有各类创投机构 530 多家，其中 4 家创投机构入选全国创投十强企业，创投资金规模 3000 多亿元，居全国大中城市首位。深圳不但出台了六大战略性新兴产业振兴发展规划及配套政策，还不断加大对核心技术研发的投入，布局重大科研基础设施，高端引进和自主创新并举，创新型企业和项目不断涌现，生物、新能源等战略性新兴产业呈现持续增长态势。2010 年以来，围绕生物、互联网、新能源、新材料等战略性新兴产业领域，已经完成两批专项扶持计划，共支持了 977 个项目，战略性新兴产业专项补助资金超过 16 亿元。

在企业财务方面，为了支持科技创新，深圳规定高新技术企业当年实际发生的研究开发经费可全额计入成本，如该费用比上年增长 10%（含 10%）的，且符合国家税收法律法规规定的，经主管税务机关批准，允许再按其实际发生额的 50%，抵扣当年度的应纳税所得额。企业为开发新技术、研制新产品所购置的试制用关键设备、测试仪器，单台价值在 10 万元以下的，可一次或分次摊入管理费用，其中达到固定资产标准的应单独管理，不再提取折旧。民营科技企业申报国家科技型中小企业创新基金项目，市科技发展资金予以匹配。鼓励和帮助民营科技企业到海外进行产品推销和技术交易，为民营科技企业开拓国际市场提供政策和资金支持。对产业有扩散带动效应的重点企业建立技术研究开发机构。经认定的企业技术研究开发机构享受高新技术企业的有关优惠政策。海内外大企业在深设立的研究开发机构，享受高新技术企业的有关优惠政策。这些政策规定对促进企业科技创新发挥了很大的激励作用。

三是推动技术创新集群式发展。集群式创新是深圳区域创新体系建设的另一个鲜明特征和优势。目前若干个产业集群，正在深圳"带状"分布。例如，每年举办的深圳（国际）集成电路技术创新与应用展，原本是针对珠三角企业的展会，却吸引了长三角、环渤海等各大经济圈的企业，其魅力的关键点就在深圳 IC 设计产业的园区聚集效应。最新数据显示，深圳 IC 基地拥有设计企业 151 家，从业人员过万，深圳 IC 设计产业实现的销售额占全国的 1/3 以上，IC 设计展现出强劲的"深圳芯"。

最近几年来，新的产业集群正在聚集和形成。例如，光启研究院携手华为、中兴、迈瑞等 11 家单位，建立超材料研发基地，将带动千亿产值规模的产业集群。光启已成为中国超材料技术的领军企业，拥有众多的国家、省、市级重点实验室，如超材料电磁调制技术国家重点实验室，广东毫米波超材料工程实验室，广东省超材料微波射频重点实验室，光学与太赫兹超材料、人造微结构等六个深圳重点实验室，以及深圳复合智能超材料、超材料技术光电应用等六个深圳工程实验室，以光启为龙头的深圳超材料研发及产业化已在世界占据领先地位。

产业集群的成长挺起深圳自主创新的脊梁，一批骨干企业在国际国内市场排开了"雁阵"。以中兴、华为、酷派为代表的企业，引领了深圳在通信技术领域的产业集群；以腾讯、A8 音乐、迅雷为代表的企业，引领了下一代互联网产业集群；以华大基因、华因康为代表的企业，引领了生物技术集群；以华强文化集团为代表的企业，引领了文化创意产业集群。深圳高新区新成立的云计算产学研联盟，集合企业、高校和政府之力，推动新兴云计算产业向集群化发展。

可以说，深圳突出企业主体地位的产业集群，在同领域形成了独特的竞争优势，在第四代移动通信技术、基因测序分析、超材料研发等尖端领域，都跻身世界前沿。

四是构建传统产业转型的共性技术平台。深圳的传统产业已实现从小型分散的来料加工到粗具规模的自主生产，形成了模具、服装等九个产业集聚基地，且拥有一批自主知识产权和自主品牌，然而在全球的产业价值链中仍处于低端位置。2000 年以来，深圳大力推动传统产业升级，目前已经形成六大传统优势产业，在国民经济中发挥的作用丝毫不比四大支柱产业差。之所以如此，就是因为深圳很早就认识到产业共性技术的功用及其与企业专有技术的区别，大力发展共性技术，大力推动技术的扩散。共性技术具有基础性、共享性、外部性、风险性、集成性等特点。通过构建面向传统产业的共性技术研发服务平台，可使企业低成本地获得共性技术，通过技术集成实现创新，避免产业结构趋同造成的资源浪费。而目前深圳的共性技术平台只是以技术推广、设备共用、信息服务、管理咨询、人员培训为主，研发只是辅助功能，且以实用技术为对象。因此迫切需要提高其共性前瞻技术、关键技术或高新技术的研发能力。政府可以将协会平台与政府授牌的产业集聚基地加以统筹，完善产业集聚基地的配套能力和服务能力，并发展成为更具竞争力的产业基地服务平台。电子产品质量检测中心等研究院平台可通过提升研发与服务水平，发展成跨行业、区域性的基础平台。

2000年以来，深圳加快建设由政府、企业、高校、行业组织等多元主体投入、市场化机制运作、面向社会开放、服务中小企业、研究开发产业共性与关键性技术、提高本地区创新能力的高新技术公共技术平台。市科技主管部门在市科技发展资金中安排专项资金，用于高新技术产业的共性技术和关键性技术的专业公共技术平台建设。市科技主管部门要定期发布市高新技术公共技术平台情况。支持建立优势传统产业专业公共技术平台，用高新技术改造传统产业。市经贸主管部门从市产业技术进步资金中安排专项资金，加快建设优势传统产业专业公共技术平台，对由企业组建、国家权威机构认定、面向社会的产品质量检测认证中心予以资金支持。整合和利用高校研究开发资源。支持深圳市和海内外院校在深研发机构的技术创新活动，鼓励高校研发机构、公共技术平台等承担国家和省的科研任务，鼓励市外的高校与科研机构承担市重大科研计划项目，市科技发展资金予以资金支持。推动产学研合作向深度和广度发展，促进科技成果产业化。继续实施产学研联合开发工程，鼓励产学研各方发挥综合优势，联合开发关键、核心技术，合作解决产业发展的重大技术瓶颈。建立国际科技商务平台。市政府出资建设国际科技商务平台。利用具有海外政府机构或民间组织背景的科技组织与工商协会，为跨国公司在深投资、设立机构牵线搭桥，为海外科技商务机构和技术转移机构服务。

三 深圳科技创新体系的主要特点

目前深圳已经形成了自己的区域创新体系，特别是举世闻名的科技产业化优势。具体来说有如下特点。

一是科技创新对深圳经济发展驱动能力日趋增强。知识产权工作领跑全国，多年来一直保持着专利密度全国第一的地位，最近五年PCT国际专利申请量一直保持占全国的50%左右，PCT国际专利申请量连续12年位居全国第一，全球PCT国际专利申请量前五强企业深圳市占据两席。表明深圳在工业核心技术创新方面的引领能力。如果将科技创新路径划分为模仿创新、集成创新、原始创新三个阶段，深圳目前初步跃升到以集成创新为主导的阶段。

二是初步形成以企业为主导的市场拉动型的创新体系。依靠自主创新，深圳涌现出一批以华为、中兴为代表的自主创新企业群体，并形成了深圳独特的"三个90%"自主创新格局，即全市90%以上的研发机构设在企业、90%以上的研究开发人员集中在企业、90%以上的研发资金来源于企业。

三是产学研联盟发育成熟。目前深圳成立了移动互联网产学研联盟、云计算产学研联盟、基因产学研联盟。这些产学研联动组织企业、大学和科研机构等围绕产业技术创新的关键问题，开展合作，突破产业发展的核心技术，实现企业与院校科研机构等在战略层面有效结合，共同突破产业发展的技术瓶颈。

四是工业向微笑曲线两端延伸。深圳在经历加工制造业的高发展之后，从20世纪80年代中后期开始，大力发展高新技术产业，工业内部结构不断优化，自主创新能力不断增强，已形成了计算机及外设制造、通信设备制造、充电电池、平板显示、数字电视、生物医药与医疗器械等六个比较成熟的高新技术产业群，科技产业发展水平在国内处于领先地位。图5—1描绘了深圳制造业的产业链现状。

创新也推动优势传统产业向研发、创意、设计、品牌、服务等价值链高端环节延伸，深圳积极引导企业加大研发投入，优势传统产业中70%以上企业研发经费占销售收入的比重超过5%，通过加大研发投入和技术创新，推动"深圳加工"向"深圳制造"、"深圳创造"转变。

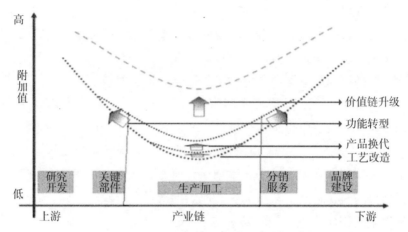

图5—1　深圳制造业所处的产业链的位置

四　深圳高新技术产业（战略性新兴产业）发展状况

90年代中期以来，深圳的高新技术产业开始飞速发展，目前已发展成为经济的第一增长点和产业升级的引导者、推动者和牵引者。表5—4、表5—5是深圳高新技术的发展情况。

表5—4　1999—2011年深圳市具有自主知识产权的高新技术产品产值

年份	具有自主知识产权的高新技术产品产值（亿元人民币）	同比增长（%）	占高新技术产品产值比重（%）
1999	383.36		46.76
2000	534.54	39.44	50.22
2001	745.63	39.49	53.67
2002	954.48	28.01	55.82
2003	1386.64	45.28	55.85
2004	1853.09	33.64	56.73
2005	2824.17	52.40	57.81
2006	3653.29	29.36	57.90
2007	4454.39	21.93	58.62

续表

年份	具有自主知识产权的高新技术产品产值（亿元人民币）	同比增长（%）	占高新技术产品产值比重（%）
2008	5148.17	15.58	59.10
2009	5062.10	-1.67	59.50
2010	6115.89	20.82	60.10
2011	7220.36	18.06	60.80

资料来源：根据深圳市统计局官网（http://www.sztj.gov.cn/xxgk/tjsj/tjnj/201304/t20130424_2130913.htm）整理而成。

表 5—5　　　　　　　2001—2011 年深圳市部分年份

高新技术产品进出口情况　　　　单位：万美元

年份	高新技术产品进出口总额	进口	出口
2001	2335757	1198796	1136961
2002	3344119	1775195	1568924
2003	5158146	2643846	2514300
2004	6928262	3422565	3505697
2005	8868653	4159435	4709218
2006	11536580	5401421	6135159
2007	13463800	6209300	7254500
2008	14099495	6162273	7937222
2009	15345520	6843409	8502111
2010	19770075	8897407	10872668
2011	22416000	9936000	12480000
2012	25206532	11084532	14122000
2013	30784842	13884285	16900557
2014	24762288	11088208	13674080
2015	25424844	11391071	14033773

资料来源：根据深圳市统计局官网（http://www.sztj.gov.cn/xxgk/tjsj/tjnj/201304/t20130424_2130913.htm）整理而成。

2010 年之后，深圳大力发展战略性新兴产业，以战略性新兴产业作为新的发展阶段产业升级的引导者、推动者和牵引者。近五年来深圳战略性新兴产业发展情况如下。①

"十二五"期间（2011—2015 年），深圳战略性新兴产业发展迅猛，产业类别从三大战略性新兴产业（生物产业、互联网产业、新能源产业）增加到六大战略性新兴产业（新增新材料产业、文化创意产业、新一代信息技术产业），到 2015 年再增加到七大战略性新兴产业（新增节能环保产业），产业增加值从 2011 年的 3259.21 亿元增加至 2015 年的 7003.48 亿元，五年累计实现增加值 2.48 万亿元，年均增速达到 17.4%。2011—2015 年统计数据表明：近五年来深圳市战略性新兴产业呈现规模快速扩张、质量稳步提升的良好态势，产业效益加速释放，核心技术取得重大突破，整体实力逐步增强，已成为深圳经济发展和转型升级的"主引擎"，为深圳率先走上质量型、内涵式发展道路发挥了决定性作用。

一是增加值占 GDP 比重逐年递增，对 GDP 的贡献十分显著。2011年深圳市战略性新兴产业增加值占 GDP 比重为 28.3%，2013 年占 GDP比重增至 34.3%，比上年同期提高了 4.4 个百分点，2015 年占 GDP 比重增至 40.0%，较 2011 年提高了 11.7 个百分点。战略性新兴产业对深圳经济发展和产业升级的主引擎作用得到进一步的巩固。如图 5—2 所示。

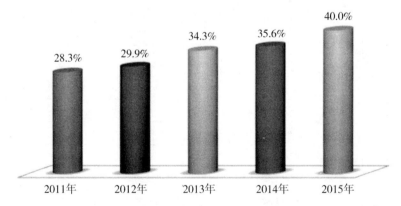

图 5—2　2011—2015 年深圳市战略性新兴产业增加值占 GDP 比重②

资料来源：根据深圳统计年鉴整理制作。

---

① 张骁儒主编：《深圳经济发展报告（2016）》，社会科学文献出版社 2016 年版。
② 同上。

　　二是增加值年均增速快，对深圳经济增长拉动作用日益突出。2011—2015 年深圳战略性新兴产业年均增长速度 17.4%，其中，互联网产业年均增速最快，高达 29.5%，其次是文化创意产业 19.6%，新一代信息技术产业 14.5%，新能源产业 14.3%，生物产业 12.9%，新材料产业 11.6%。如图 5—3 所示。

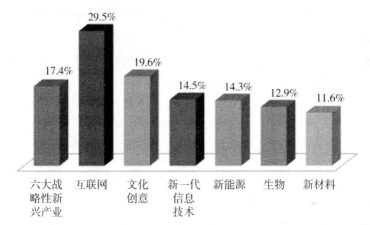

图 5—3　2011—2015 年深圳市战略性新兴产业各产业年均增长速度①

资料来源：根据深圳统计年鉴整理制作。

说明：深圳 2014 年才将节能环保产业列入战略性新兴产业。

　　三是核心技术取得重大突破。其中，华为技术有限公司、中兴通讯股份有限公司晋升第四代移动通信产业领导者，LTE 商用网设备合同订单位居世界前列；腾讯科技（深圳）有限公司是全国首家市值突破千亿美元的互联网企业；华大基因已成为全球最大的基因测序服务中心和基因组学研究中心，基因测序和基因组分析能力世界第一；深圳市比亚迪汽车有限公司"SBID 专利技术"获得中国专利金奖，开发出绿混、车联网等技术；深圳市华讯方舟科技有限公司突破移动通信与海量传输的技术瓶颈，成为该领域全球领航者。

　　四是产业集聚发展态势显现。目前，深圳市积极布局建设的坪山新区国家生物产业基地核心区、南山区蛇口网谷、新能源产业基地等 23

　　①　张骁儒主编：《深圳经济发展报告（2016）》，社会科学文献出版社 2016 年版。

个基地和聚集区，已全面进入建设运营阶段。光明新区的新型平板显示产业基地、宝安区的立新湖战略性新兴产业基地和尖岗山战略性新兴产业集聚区、南山区的蛇口网谷、智能电网产业集聚区、软件产业基地等产值规模均已突破百亿元，龙岗区的坂雪岗科技城新一代通信产业基地聚集效应更为凸显，产值规模突破 2200 亿元。

第四节　深圳加工贸易产业的发展过程

　　加工贸易产业在深圳的产业发展史上起着独特的作用，是深圳产业发展有别于其他经济中心城市的最重要特点之一。经过改革开放 30 多年的蓬勃发展，深圳加工贸易的整体水平和质量迅速提高，实现了以加工出口劳动密集型工业品为主，向以资本与技术密集的高新技术产品为主的转变，参与国际制造业分工业务的链条不断延长，增值率逐年提升，已成为全市工业经济和对外贸易的主体。1992 年深圳的加工贸易产业跃居全省和全国第一，到 2002 年深圳加工贸易分别占全省和全国加工贸易出口的40.4% 和 20.9%，连续 10 年居全国大中城市首位，目前为止深圳加工贸易在国民经济中一直占有非常重要的地位，其发展历程可以分为三个阶段。

一　深圳加工贸易的初步发展阶段

　　1979—1990 年，也就是特区成立的前 10 年，是深圳加工贸易发展的初步阶段。在这个阶段，深圳产业结构的特点是：大量的"三来一补"（来料加工、来件装配、来样加工及补偿贸易）加工业是主导支柱产业，第三产业以旅店、服务业等为主，增长速度快，但内容相对单一。当时深圳的进出口主要依赖加工贸易，无论从发展规模和发展速度，也无论是发展的技术层次还是产品的加工水平，都是比较初级的。

　　深圳 20 世纪 80 年代到 90 年代初期经济的快速发展和"三来一补"产业的快速发展，主要依赖于加工贸易，当时的加工贸易产业主要是"三来一补"企业，资金和其他资源都主要源于香港。当时的情况是香港人在深圳创办"三来一补"企业，深圳方面只负责产品加工，赚取工缴费收入，而产品的设计、市场推广、技术开发等利润率较高的产前产后服务则留在了香港。这种产业转移方式充分利用了两地的优势，也恰逢全球经济科技新一轮分工合作和转移的良好机遇，由此发展并形成了深港经济之间"前店后厂"式的垂直分工合作关系。这一时期，深圳吸引到的外资85%是港资，如表5—6、表5—7所示。

表5—6　　　　　　　1985—1990年深圳外资项目的主要地区分布　　　　单位：个

年份	协议项目总数	我国港澳地区	我国台湾	美国	日本
1985	1203				
1986	454	387		12	28
1987	334	284		10	25
1988	694	610	8	31	24
1989	711	630	25	16	16
1990	796	699	45	16	12

资料来源：《深圳统计信息年鉴2001》，第235、238页。

表5—7　　　　　　　1985—1990年深圳外资来源地的地区分布　　　　单位：亿美元

年份	实际外资	我国港澳地区	美国	日本
1985	10.0			
1986	5.0	3.9	0.3	0.7
1987	4.0	2.6	0.3	0.9
1988	4.4	2.8	0	1.5
1989	4.6	2.9	0.1	1.0
1990	5.2	2.6	0.4	1.7

资料来源：《深圳统计信息年鉴2001》，第243、246页。

二　加工贸易的深化发展与提升阶段

20世纪90年代后，深圳经历十多年的超高速发展，产业形成了一定基础，经济总量增大，产业结构发生了显著变化，第三产业正常发展。如表5—8所示。

在1990—1995年这个时期，深圳"三来一补"的加工业增长势头回落，工业开始向深加工发展，同时新的经济亮点产生，如建筑业的快速发展。另外高新科技产业也起步于这个阶段，第三产业中的金融业和旅游业也开始发展。到20世纪末，深圳加工贸易保持了持续快速发展，并实现了自身的产业升级。

表 5—8　　　　　　　　1990—1995 年三次产业的变动　　　　　　单位:%

年份	第一产业	第二产业	第三产业
1990	4. 1	44. 8	51. 1
1991	3. 4	47. 6	49. 0
1992	3. 3	48. 0	48. 7
1993	2. 5	54. 6	42. 9
1994	2. 2	54. 7	43. 1
1995	1. 6	52. 4	46. 0

资料来源：根据《深圳统计资料手册 2000》整理并计算。

这一时期加工贸易发展呈现出如下几个特点。

一是深圳的"三来一补"企业开始了自我升级的过程，由前一个时期的简单产品逐步向深加工发展，并在 1992 年跃居全国加工贸易产业第一名。

二是深圳利用外资的规模、单个项目的投资额大幅提高（表 5—9），这个时期引进产业的技术水平逐步提升，从塑料、玩具、消费电子产品逐步向技术含量高的产品升级，同时将落后的产品向周边的东莞转移。

表 5—9　　　　　　　　1992—1997 年深圳利用外资额

年份	实际签约项目 （个）	协议外资 （亿美元）	实际外资 （亿美元）	项目平均实际外资 （万美元）
1992	1561	25. 2	7. 2	46
1993	3257	49. 8	14. 3	44
1994	2223 个	29. 9	17. 3	78
1995	1638	36. 0	17. 4	106
1996	999	16. 8	24. 2	242
1997	1786	17. 7	28. 7	161

资料来源：根据《深圳统计资料手册 2000》第 94 页整理并计算。

　　三是深圳"三来一补"企业的外资来源开始向我国台湾地区以及美日等国扩展（表5—10、表5—11），产品也逐步向科技含量高的产业迈进，如全球最大的加工贸易企业富士康就是在这个时间进入深圳的。

表5—10　　　1992—1997年按资金来源的深圳外资项目地区分布　　单位：个

年份	协议项目总数	我国港澳地区	我国台湾	美国	日本
1992	1561	1330	88	57	16
1993	3257	2834	154	104	27
1994	2223	1885	124	74	25
1995	1638	1288	100	71	36
1996	999	760	85	42	15
1997	1786	1576	85	35	13

　　资料来源：《深圳统计信息年鉴2001》，第235、238页。

表5—11　　　　1992—1997年深圳利用实际外资主要地区分布　　单位：亿美元

年份	实际外资	我国港澳地区	我国台湾	美国	日本
1992	7.2	4.6	0	0.2	1.6
1993	14.3	9.2	0.5	1.5	2.1
1994	17.3	12.6	1.1	0.3	1.9
1995	17.4	10.5	0.7	1.4	3.2
1996	24.2	15.0	1.4	1.1	3.0
1997	28.7	20.3	0.7	2.4	1.8

　　资料来源：《深圳统计信息年鉴2001》，第243、246页。

三　加工贸易在争议中继续深化发展阶段

　　21世纪以来，特别是我国加入WTO以来，不管是国内还是深圳市，对加工贸易在国民经济中的地位、作用以及未来是否应该扶持其发展等，都存在不同的观点。另外，随着我国政府加大对走私活动的打击力度，国内对加工贸易的争论也达到了前所未有的程度。这些争论和不同看法对国家的加工贸易方面的政策走向产生了比较大的影响。

　　事实上，从90年代初开始，在深圳的学术界和政界，已经存在对深圳发展加工贸易存在负面作用的认识、限制发展加工贸易的言论等，关于加工贸易本地化等的争论也逐渐增多，对深圳加工贸易产业的发展产生了影响。

21世纪以来，尽管对加工贸易的看法存在分歧，但深圳还是从发展实际出发，大力推动加工贸易产业的发展，加工贸易在深圳国民经济发展中依然扮演着举足轻重的角色。一是成为推动国民经济发展的重要引擎，随着加工贸易不断向纵深发展，已经成为GDP增长的重要贡献力量，2002年全市加工贸易出口376亿美元，占出口的80.9%，实现工业产值占全市工业产值的78%，对GDP增长的贡献率为73%，拉动其增长11个百分点，特别是在亚洲金融危机期间对深圳保持贸易的正增长以及实现国家的年度进出口贸易目标做出了贡献，迄今为止加工贸易仍是拉动深圳经济增长的主要力量之一。二是带动国内配套产业发展，使深圳成为欧美等发达国家高新技术产品配套生产的重要场所。三是加工贸易成为产业结构调整和技术进步的牵引者，深圳近年抓住跨国公司将大量成熟的中间技术乃至某些高端技术通过制造业向发展中国家转移的历史性机遇，利用加工贸易引进、消化国际先进技术，取得很好的成效，实现了部分加工贸易产品的更新换代与世界同类产品的同步创新。

另外，这个阶段的深圳加工贸易产业，也形成了自己的战略优势。一是产品结构高新化。深圳在全国最早发展加工贸易，也在全国率先实现从加工出口一般工业品向加工出口高新技术产品的转变，有将近10年的时间深圳加工贸易高新技术产品出口曾经占当年加工贸易出口总值的40%左右，深圳的高新技术产业从起步、发展到成长壮大，一直得益于加工贸易的支撑，深圳企业也因此走出了一条依靠加工贸易，实现技术跟踪和自主开发、建立独立品牌的新路子。二是加工贸易企业不断推进资本技术密集化。深圳加工贸易企业一直努力与世界先进水平保持同步，不断提升资本和技术密集度，企业规模不断扩大，绝大多数是生产高新技术产品的加工贸易企业。三是产品价值链高级化。经过多年的发展，深圳加工贸易形成了主要以深加工结转维系的跨区域企业间相互配套的生产体系，其加工层次增多、加工程度加深、加工链条伸长，产品配套链不断向上游延伸，价值链得到有效提升，实现了加工贸易向深加工、高附加值层次的发展。四是市场结构多元化。目前形成了以我国香港地区、美国、日本、欧盟为主体的出口市场结构，加工贸易出口的国家和地区达到 180 个左右。

2015 年深圳进出口总额 4425.58 亿美元，同比下降 9.3%。其中，出口总额 2640.83 亿美元，同比下降 7.1%，出口规模连续 23 年居全国内地城市首位；进口总额 1784.7 亿美元，同比下降 12.2%。在出口总额的构成中，国有企业出口总额增长 0.8%；民营、集体企业下降 5.7%；"三资"企业下降 7.5%。从外贸出口类别来看，一般贸易出口总额增长 7.9%，来料加工装配贸易出口总额下降 49.7%，进料加工贸易出口总额下降 17.7%，其他类出口总额下降 0.5%。[①] 正是因为加工贸易的大幅下滑，才使得 2015 年深圳的总体外贸情况不尽如人意。由此可以看出，即使是在世界贸易格局不断变化的今天，加工贸易产业在深圳的经济发展中尤其是在对外贸易中，始终占据相当独特的位置。

---

① 张骁儒主编：《深圳经济发展报告（2016）》，社会科学文献出版社 2016 年版。

第六章

深圳推动产业升级的效果评价

深圳产业在起步阶段可以说是一种畸形发展，经济发展水平低，而第三产业在本地生产总值中所占比重较高。1980 年的人均本地生产总值是 836 元人民币，按当时的汇率折换成美元也只有 600 美元左右，而当年的第三产业所占比重高达 45.1%，第二产业只占 26.0%，这是一种非常典型的畸形发展模式。深圳产业的转型升级就是在这样的基础上不断推进的。

第一节　深圳特区和我国香港地区以及
新加坡产业转型升级比较

从 20 世纪 60 年代开始，我国香港地区和新加坡抓住全球产业转移的机遇，同时实现了经济的腾飞，各自成为"亚洲四小龙"之一，目前都已经发展成为亚洲最发达的经济体和富裕地区。整个 20 世纪六七十年代，我国香港地区和新加坡在工业的拉动下，经济年均复合增速都在 9% 以上。1997 年是一个历史性时刻，这一年两个城市的人均 GDP 也不相上下，我国香港地区和新加坡的人均 GDP 达到阶段性的高点（2.7 万美元），而深圳的人均 GDP 只有 355 美元。

1998 年的亚洲金融危机给我国香港地区和新加坡的经济带来了沉重打击，经济总量和人均 GDP 增速回落，直至 2003 年才恢复增长企稳。之后新加坡经济高速增长，新加坡货币持续升值，新加坡的人均 GDP 也与我国香港地区拉开了差距，到 2010 年新加坡经济总量首次超过我国香港地区。相比我国香港地区和新加坡，深圳的变化可谓翻天覆

地，深圳从一个小渔村迅猛发展成为科技创新的代名词，成为中国的
"硅谷"，2015 年深圳的经济总量接近 3000 亿美元，人均 GDP 达 2.5
万美元。

一　新加坡、我国香港地区和深圳特区经济总量的比较

1997 年香港回归和亚洲金融危机是一个发展的分水岭，2003 年之
后的发展更是将三个城市明显区别开来。图 6—1、图 6—2 是三个城市
的发展情况。

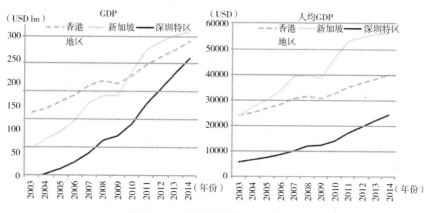

图 6—1　GDP 和人均 GDP 对比

资料来源：CEIC，中金公司研究部，2016 年。

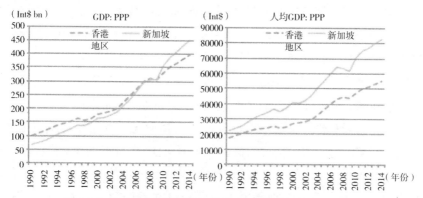

图 6—2　按购买力平价调节后的 GDP 和人均 GDP 对比

资料来源：CEIC，中金公司研究部，2016 年。

从图6—1、6—2中可以看出，2010年之前，我国香港地区的GDP一直领先于深圳特区和新加坡，但此后我国香港地区几乎被新加坡甩开，而被深圳特区渐渐赶上。人均GDP方面，我国香港地区1997年之后几乎有10年的时间和新加坡咬得很紧，但2010年之后逐渐被新加坡甩开，显示出香港地区在发展方面的落差越来越大。

二　我国香港地区、新加坡和深圳特区在产业发展上的不同选择

我国香港地区、新加坡和深圳特区三个城市在产业转型升级方面最重要的差异，就是在制造业方面。对比发现，这三个城市的制造业在经济结构中的比重以及制造业对经济增长贡献度的差异，是这三个城市在产业升级方面形成目前截然不同局面的最主要因素。

从总体上看，自20世纪60年代开始到1997年，我国香港地区和新加坡的制造业对于产业的转型升级都发挥着至关重要的作用。但是，伴随着经济结构的不断调整，尤其是中国改革开放之后的30多年，这两个城市走向了完全不同的转型方向：香港地区选择将制造业完全转移出去，制造业因此彻底空心化，同时大力发展服务业，服务业成为经济增长的唯一支柱，经济增长主要依靠消费拉动，投资的边际贡献率几乎可以忽略不计。新加坡则不一样，新加坡选择将制造业从劳动密集型转型为资本、技术、知识密集型，附加值不断提升，将制造业和服务业培育成经济增长的两个引擎，消费、投资和出口三驾马车共同发力拉动经济增长。

这一时期深圳特区与我国香港地区和新加坡本不在同一发展阶段，但是深圳改革开放以来就把发展制造业作为发展经济的核心产业，90年代中期以来，深圳实现了制造业从劳动密集型向高新技术产业的转变，制造业在国民经济中始终是支柱产业，制造业也是深圳产业转型升级的引领者，是深圳经济有质量地快速增长的定海神针。

首先看看香港产业发展情况和产业选择情况。香港经济经历过两次转型，经济增速由9%左右的高速增长阶段逐步过渡到4%左右的增长率。20世纪60年代的第一次转型使香港从以转口贸易为主的自由港转变为工业城市，香港迅速实现工业化，并在60年代末取得重大进展，到1970年香港制造业占GDP的比重达到30.9%，是历史上最高的一年。制造业带动经济快速增长，从1961年到1981年的20年香港经济

的年均增长率高达 9%。这期间香港的制造业以轻工业为主，包括服装、纺织、玩具等，属于劳动密集型，附加值不高，具有一定规模的重工业是造船业，机器制造业也以修配为主，在香港工业化过程中不占主导地位。第二次转型后，香港从工业城市转变为国际金融中心。20 世纪 80 年代后期，香港制造业受成本上升影响以及珠三角地区低廉的土地、劳动力的吸引，开始大规模向珠江三角洲转移，深圳因为地理优势成为首选目的地。与此同时，香港的服务业快速发展，特别是服务业中的金融、旅游、贸易物流，以及地产、专业及商用服务。但是服务业产值的增加不敌制造业的衰退，香港经济增长放缓，1990 年以来 GDP 年均复合增速降至 4%。

　　香港产业发展的最重要不同，就是香港将自己的劳动密集型制造业向内地转移后，并没有建立起高科技产业，工业急速空心化。1980 年制造业增加值占香港 GDP 的 23%，在各行各业中仍居首位。1980—1990 年制造业产值还在增加，但是增速大大落后于服务业，在 GDP 中的比重也下滑到只有 17%，在国民经济中的比重低于进出口贸易、批发及零售行业。从 1990 年开始，制造业产值在 GDP 中的比重均大幅下滑，凸显出在低附加值制造业转移到内地后，香港的制造业未能实现升级，而是完全的空心化。到 2013 年，制造业在香港 GDP 中的比重只有 1% 了，在国民经济中几乎可以忽略不计。

　　接下来看看新加坡产业发展情况和产业选择情况。新加坡经历了多次产业转型与升级，每次转型升级都带动产业结构的升级和产业附加值的提升，使得经济始终保持较快增长。1965 年独立后，大力发展劳动密集型产业，使得新加坡走上了工业化的道路。从 1965 年到 1974 年的 10 年，新加坡大力发展劳动密集型的代加工制造业，包括纺织、服装、食品等，拉动经济的快速增长，这 10 年 GDP 年均增长 11.5%，工业在 GDP 中的比重从 20% 快速提升至 30%。20 世纪 70 年代和 80 年代，新加坡开始向资本密集型和技术密集型方向发展，1975—1984 年的 10 年新加坡 GDP 年均增长 8.3%。20 世纪 90 年代，新加坡经济向资本和技术密集型转型取得重大进展，新加坡政府大力鼓励发展高新技术产业，2000 年电子产业占制造业增加值的比例达到了 47%，出口中电子产业占比达到 67%，新加坡成为全球重要的集成电路、芯片和磁盘驱动器的生产基地，如图 6—3 所示。1987—1996 年是新加坡经济发展的鼎盛时期，这 10 年新加坡 GDP 年均增长率提升至 9.3%。

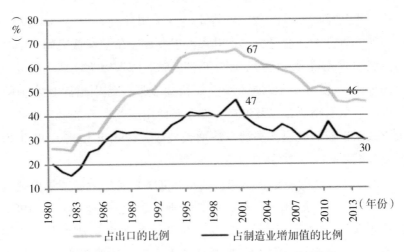

图 6—3　1990 年以来新加坡高新技术产业发展情况

资料来源：CEIC，中金公司研究部。

　　20 世纪 90 年代至今的 20 多年，是经济全球化最快的 20 多年，也是全球经济在波折中前行的 20 多年，产业选择和产业升级成为这个时期一个国家成功的最主要标志。新加坡抓住了经济全球化带来的机遇，在 20 世纪 90 年代后期开始大力发展知识密集型产业和服务业。政府提倡发展生命科学产业，大力支持本地科研机构开展创新，医药制造业因此迅速发展（图 6—4），同时金融业也进入快速发展阶段。这段时期新加坡经济增速有所放缓，1997—2014 年 GDP 年均增长率下降至 5.3%。

　　总结对比我国改革开放以来的这段时间新加坡的发展情况，我们发现：新加坡经济走向了工业和服务业双引擎增长，消费、投资和出口三驾马车共同发力拉动经济增长的良性循环。从产业上看，新加坡完全不同于香港的制造业空心化和经济增长单一依赖服务业，新加坡走的是一条工业和服务业共同发展的道路，两者一起支撑着经济增长，经济结构中制造业、金融保险、批发零售、地产和专业服务等各行业占比相对均衡，显示出新加坡经济发展健康、持续、稳定、均衡，产业转型升级非常成功。如图 6—5 所示。

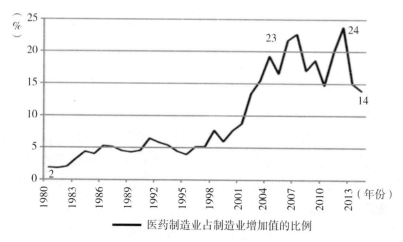

图6—4　1980年以来新加坡生物制药产业发展情况

资料来源：CEIC，中金公司研究部。

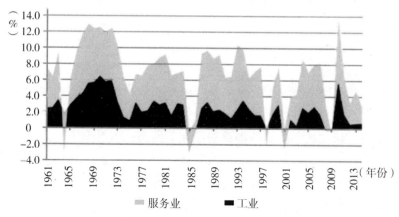

图6—5　新加坡经济发展中工业与服务业双引擎增长情况

资料来源：CEIC，中金公司研究部。

最后我们再看看深圳的情况。从1979年至今，深圳创造了世界工业化史上的奇迹，深圳以发展加工贸易的方式承接香港和台湾地区的产业转移，打下深圳工业的基础。随着改革开放的深入和深圳抓住世界产业转移的机遇，在大力发展代工和出口工业的同时，自己培育的民营高科技企业异军突起，高速实现了工业化和产业升级。1980年深圳的GDP中工业仅占13.8%，到2005年时这一比例达到了50.3%，达到深圳历史的最高水平。近几年深圳又创造了产业转型升级的奇迹，走上了有质量的稳定增长之路。

通过上面的对比，我们可以看出：三个城市在产业转型升级方面产生差异的原因是多方面的，但主要还是因为各自产业的选择和政府作用等方面。具体来说主要有以下几个方面。

一是政府在产业升级中发挥的作用和扮演的角色不同。在发挥政府作用方面，可以说政府的角色以及在经济发展中起到的作用的差异，是这三个城市经济格局变化的最深层次原因。香港以"自由经济"为导向，政府是"积极不干预"，因此尽管香港回归之后政府提出了一系列发展数码产业、科技产业、中药产业等构想，而且这些构想应该说也抓住了当时香港产业升级的核心，但就是因为政府无法作为、没有介入经济活动的手段，"看得见的手"完全无法发挥作用，使得这些产业发展的构想和顺应全球经济发展趋势的产业升级迄今还停留在口头上。2015年香港才成立创新及科技局，负责制定全面政策，支援科技基建及人力发展，促进"官、产、学、研"合作，加速发展香港的创新、科技及相关的产业。

新加坡则完全不同，非常重视政府对社会经济发展的引导作用，新加坡政府不遗余力地积极推动产业升级，在新加坡转型升级中起到决定性的作用。新加坡和中国香港最初都在英国殖民者管制下，延续了英国的法治和自由思想体系，两地政府都建立了一套行之有效的官员选拔制度和廉政体制。但是两地的施政理念却存在巨大差异，新加坡在注重市场规则、让"看不见的手"充分发挥作用的同时，确保了政府在经济调节中的施政效率和行政的高效能。正因为新加坡政府的强势地位，因此实施经济发展规划，拥有很强的执行力。这一点在新加坡发展生命科技产业方面体现得特别明显。新加坡生物制药产业完全是在政府的支持下发展起来的，政府通过一系列政策降低了新加坡的技术和资本的要素价格，新加坡政府还出台一系列政策，培养生物医药产业的专业人才，推动生物医药产业的发展。目前新加坡已经发展成为全球医药中心之一，生物医药制造业占新加坡制造业的比例从 1980 年的 2%，发展到 2012 年的 24%，最近两年有所下降。

本书在上一章专门论述了深圳地方政府在产业转型升级中的重要

引导作用。应该说这种作用既不同于我国香港地区和新加坡，更不同于内地各省市。深圳的特色是坚持以市场化为导向下的引导和支持，政府主要是宏观把握，制定产业规划，通过政策促进产业结构的不断完善，对符合产业发展方向的企业广泛扶持，政府与企业是一种市场环境下的新型关系。

可以说，三地政府都通过支持应用研究与开发，促进成果的产业转化。深圳特区和新加坡是积极引导，香港政府的扶持则略显不足。香港政府在支持上比较谨慎，力度也比较小；新加坡在以产业为导向的应用研究上支持力度最大，新加坡政府能够通过参与"产、学、研"的过程，创造本地发展高技术产业的优势，从而推动高技术产业的生根、发芽、成长和结果。深圳通过实施"科教兴市"战略和创建国家自主创新示范市，在高新技术产业发展、科技研发的各个环节给予空前力度的支持，特别是形成了良好的政策环境、产业化优势、产业配套优势、人才环境、社会环境等。

二是在主导产业的选择和产业发展政策方面的巨大差异。我国香港地区、新加坡和深圳特区的资源禀赋、发展经历不同，对产业的转型升级造成很大影响。三个城市都是抓住全球产业转移的机遇发展劳动密集型产业来实现工业化和经济起飞的。但在 1980 年之后的经济全球化和产业转移新趋势下，尤其是以信息技术、生物技术为代表的新技术革命和新经济浪潮下，各自的主导产业选择完全不同，直接导致了三个城市不同的发展方向、不同的产业模式和不同的转型结果，这突出表现在发展高技术制造业方面。香港 1980 年开始将劳动密集型产业转移到珠三角，规模本身就很小的钢铁加工、船舶制造等因成本、技术等原因逐步淘汰，香港的制造业逐步空心化。面对这种情况，香港选择了服务业作为主导产业，其中尤以金融业和房地产业为支柱。由此香港忽略了对制造业的投入，这更加速了制造业的衰落。1997 年香港回归后，特区政府很想在高技术制造业上有所作为，也推出了数码港、中医港、创业板、引才计划等一系列政策、措施，甚至 2015 年在政府机构设置上专门设立了香港创新及科技局，香港科技园公司也开始运作。但这些政策、措施要么失败，要么还需时日才能见到效果。特别值得一提的是，香港把发展科技创新产业作为振兴经济、实现产业升级的战略举措，但由于香港现有的制造业规模几乎可以忽略，且与要发展的产业在技术关联上、技术层次上都存在代差，很难起到支撑、配套的作用。香港想重新将高技术含量的制造业培育成转型升级的主导产业，难度非常之大。

新加坡则不同。新加坡虽然比我国香港地区地域更为狭小，但自立国以来新加坡始终把制造业作为其经济支柱之一，而且由于新加坡在主导产业的选择上注意产业的升级与技术的升级，因此在转移出劳动密集型产业的同时，不断培育新的、高技术含量的制造业。由于新加坡的制造业复杂度以及与其他产业的连接度均较高，因此产业转型和升级也相对容易。亚洲金融危机后，与我国香港地区一样都受到重创的新加坡，大力发展高新技术产业，特别是信息技术产业和生物医药产业，把这两个产业作为新的主导产业加以培育，并制定了一系列的产业发展政策。正是由于新加坡培育了新的主导产业，因此在这次世界性的金融危机面前，新加坡抵御风险的能力明显强于香港地区，经济增长速度、质量等明显好于香港地区，人均 GDP 也成功超越香港地区。

深圳特区在这方面应该说比我国香港地区、新加坡更为成功。这主要表现在 2010 年开始，深圳大力发展战略性新兴产业，把战略性新兴产业作为新的主导产业，并制定和实施了一系列政策，取得了很好的产业升级效果。

三是三地的科技发展政策和科技投入方面存在巨大差异。对比三个城市，深圳的研发强度、研发能力以及产业化生产能力都是最强的。2015 年底，深圳市建成的国家、省、市级重点实验室、工程实验室、工程（技术）研究中心和企业技术中心等创新载体达 1283 家，这是中国香港地区、新加坡都不能比拟的。对比我国香港地区、新加坡、深圳特区的研发强度、企业研发支出比例、R&D 人员密度、风险投资的发育状况等方面，深圳在每一个指标上都是最高的，香港在每个指标上都是最低的。详细情况如图 6—6、图 6—7、图 6—8 所示。

香港统计处数字显示，创新科技业占香港 GDP 比重，2009—2015 年都只有 0.7%，占就业人口比例也仅为 0.8%。而 2015 年深圳全社会研发投入占 GDP 比重达 4.05%，战略性新兴产业对 GDP 增长贡献率超过 50%，研制国际国内标准 4212 项，支持企业、科研机构在全球建成 250 多家研发中心。显示出三地的巨大差异。

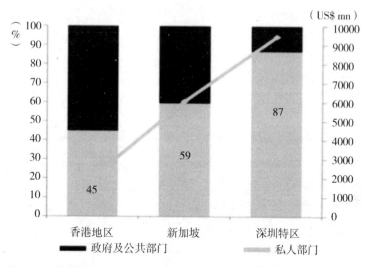

图6—6　深圳特区、我国香港地区、新加坡的研究开发经费来源对比

资料来源：数据来源于香港统计处、深圳市统计局、新加坡科技研究局，图表来源于中金公司研究部。

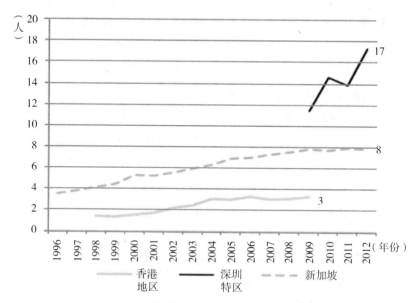

图6—7　深圳特区、我国香港地区、新加坡每千人 R&D 人员数对比

资料来源：数据来源于香港统计处、深圳市统计局、新加坡科技研究局，图表来源于中金公司研究部。

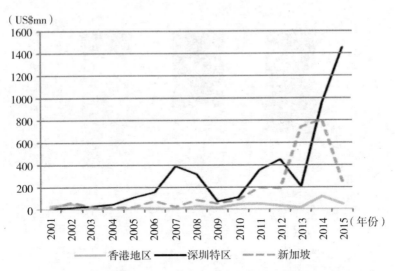

图6—8 深圳特区、我国香港地区、新加坡三地风险投资情况

资料来源：数据来源于香港统计处、深圳市统计局、新加坡科技研究局，图表来源于中金公司研究部。

第二节 深圳产业结构转型升级的实效

20世纪90年代深圳首次提出产业升级的概念，并围绕产业升级制定了一系列政策，通过大力推动高新技术产业发展、发展四大支柱产业、创建良好的体制机制环境扶持民营企业发展等一系列重大举措，顺利实现了产业转型升级的目标。2008年金融危机之后，面对前所未有的巨大挑战，深圳在产业发展上保持定力，始终坚持走科技创新之路，走自主创新之路，大力发展战略性新兴产业和现代服务业，不断推进产业的高级化、智能化、生态化，极大提升了深圳产业抵御各种风险的能力、自我发展能力。可以说，深圳已经走出一条符合自己特点的、充分利用自己资源禀赋的、非常独特的产业转型升级之路。

深圳产业转型升级的成功受到的广泛关注，也成为一个产业高速发展、高速升级、持续转型的典型样本。深圳产业成功转型升级效果，主要体现在以下几个方面。

一是深圳产业升级过程中，三次产业的构成比例变化非常清晰，产业结构的高速升级与跃迁体现得特别明显。表6—1是深圳特区建立以

来的三次产业结构的具体情况，从表6—1中我们可以清晰地看出：经
过经济特区建立以来30多年的发展，深圳在推进产业升级方面已经取
得较大成果，实现了产业结构的跳跃式升级，产业结构得到持续不断的
提升和改善，由特区成立到1983年之前的第三产业占主导地位的畸形
结构起步，高速演变成第二产业占主导地位，并很快又跃升到现在的第
三产业占主导地位。深圳产业结构的这种演化，从发展次序上说还是基
本符合产业发展演变规律的，但从时间上、实践上说是开创了一种畸形
的跃迁式产业升级模式。

表6—1　　　　深圳市生产总值三次产业构成（1979—2015）　　　单位:%

年份	本市生产总值	第一产业	第二产业	工业	建筑业	第三产业
1979	100	37.0	20.5	11.8	8.7	42.5
1980	100	28.9	26.0	13.8	12.2	45.1
1981	100	26.9	32.3	16.8	15.5	40.8
1982	100	23.0	38.1	11.6	26.5	38.9
1983	100	17.2	42.6	17.1	25.5	40.2
1984	100	11.1	45.5	22.1	23.4	43.4
1985	100	6.7	41.9	26.2	15.7	51.4
1986	100	7.9	39.2	25.6	13.6	52.9
1987	100	8.3	39.4	29.4	10.0	52.3
1988	100	6.6	41.3	31.6	9.7	52.1
1989	100	5.9	43.7	34.6	9.1	50.4
1990	100	4.1	44.8	37.6	7.2	51.1
1991	100	3.4	47.6	39.3	8.3	49.0
1992	100	3.3	48.0	37.1	10.9	48.7
1993	100	2.5	54.6	39.9	13.5	42.9
1994	100	2.2	54.9	42.1	10.8	43.1
1995	100	1.6	52.4	40.0	10.1	46.0
1996	100	1.7	50.3	39.9	8.4	48.0
1997	100	1.4	49.3	40	7.6	49.3

年份	本市生产总值	第一产业	第二产业	工业	建筑业	第三产业
1998	100	1.3	50.0	41.1	7.3	48.7
1999	100	1.2	50.6	43.2	6.7	48.2
2000	100	1.0	52.5	44	5.7	46.5
2001	100	0.9	54.0	44.5	5.0	45.1
2002	100	0.8	55.2	45	4.3	44.0
2003	100	0.4	50.7	46.6	4.1	48.9
2004	100	0.3	51.6	48.1	3.5	48.1
2005	100	0.2	53.4	50.4	3	46.4
2006	100	0.1	52.6	49.8	2.8	47.3
2007	100	0.1	50.2	47.6	2.6	49.7
2008	100	0.1	49.6	47.1	2.5	50.3
2009	100	0.1	46.7	43.8	2.9	53.2
2010	100	0.1	47.2	44.2	3.0	52.7
2011	100	0.1	46.4	43.4	3.0	53.5
2012	100	0.1	44.1	41.2	2.9	55.8
2013	100	0	43.2	40.2	3.1	56.8
2014	100	0	42.6	39.8	2.9	57.4
2015	100	0	41.2	38.5	2.7	58.8

资料来源：根据深圳统计年鉴整理。

二是纵向比较来看，深圳产业结构的高级化水平接近发达国家和地区，表明深圳产业结构成熟度高、结构合理。表6—2是2006年到2011年深圳三次产业增加值的情况，之所以选择2006年作为起始点，是因为这是深圳三次产业增加值临近拐点的时间点。选择2011年作为数据点，也是因为离拐点比较近，而且2011年以来三次产业增加值的比例不到2%变化。从表6—2中我们可以看出，从三次产业增加值的绝对数来看，2008年后深圳第三产业增加值已经超过第二产业，人均GDP超过了10000美元，达到了中等偏上发达地区的水平。虽然1983年以前深圳第三产业增加值超过第二产业，但体现出的是当时的经济结构是畸形的，不符合一般的经济发展规律，表现为深圳第二产业也就是工业极不发达；2008年之后第三产业和第二产业产值持平并有所超越，体现出和发达经济体的产业结构同样的特征，反映出深圳产业结构的高级化和服务业化，这说明目前深圳的产业结构是比较合理的，表明1995年以来深圳产业结构的高级化符合经济发展的规律。

表6—2　　　　深圳2006—2011年三次产业增加值　　　单位：亿元

	2006	2007	2008	2009	2010	2011（%）
合计	5814	6804	7789	8202	9583	100.0
第一产业	7	7	8	7	7	0.1
第二产业	3060	3417	3861	3827	4523	46.4
工业	2897	3242	3663	3593	4233	43.4
建筑业	163	175	198	234	290	3.0
第三产业	2747	3380	3920	4368	5053	53.5
交通运输、仓储和邮政业	251	291	299	309	380	3.8
信息传输、计算机服务和软件业	188	233	321	354	416	4.4
批发和零售业	574	661	773	850	1033	10.9
住宿和餐饮业	117	126	166	171	204	2.0
金融业	463	766	969	1111	1301	13.6
房地产业	520	613	490	612	628	7.8
租赁和商务服务业	172	190	247	269	300	2.9
科学研究、技术服务和地质勘察业	69	65	111	119	139	1.6
水利、环境和公共设施管理业	27	29	41	41	45	0.5
居民服务和其他服务业	78	79	122	108	109	1.2
教育	67	74	89	100	129	1.2
卫生、社会保障和社会福利业	57	61	70	82	94	0.9
文化、体育和娱乐业	51	58	68	74	83	0.8
公共管理和社会组织	113	134	154	168	192	1.9

资料来源：根据深圳统计年鉴整理。

三是从三次产业对经济增长的贡献率分析，如表6—3所示，深圳产业经历了畸形发展到现在的正常发展，形成了一个符合经济发展规律的产业结构。从表6—3中可以看出，1984年以前第二产业对深圳经济增长的贡献率，一直低于第三产业的贡献率，说明深圳没有实现工业化；这之后工业高速增长，第二产业对深圳经济增长的贡献率全面超越第三产业的贡献率，深圳工业化全面推进；到了2006年之后第三产业全面加速，两者齐头并进，共同推进深圳经济发展与产业升级。

表6—3 　　　　　三次产业贡献率（1980—2015年）　　　　　单位:%

年份	本市生产总值	第一产业	第二产业	工业	第三产业
1980	100	1.9	12.3	6.5	85.8
1981	100	13.5	31.4	17.8	55.1
1982	100	14	19.8	0.4	66.2
1983	100	1.9	19.8	12.6	78.3
1984	100	0.6	31.6	19.3	67.8
1985	100	-0.3	68.7	61.9	31.6
1986	100	42.3	77.8	83.9	-20.1
1987	100	1.3	46.7	47.2	52.0
1988	100	-1.2	44.7	37.4	56.5
1989	100	5.5	78.8	69.3	15.7
1990	100	0.9	63.7	58.9	35.4
1991	100	0.5	57.0	46.3	42.5
1992	100	0	45.2	27.0	54.8
1993	100	0.1	65.3	48.4	34.6
1994	100	-0.3	61.1	56.1	39.2
1995	100	-0.1	50.8	44.6	49.3
1996	100	0.1	52.1	49.6	47.8
1997	100	0	52.0	46.8	48.0
1998	100	0.1	58.0	50.9	41.9
1999	100	0.3	58.6	53.1	41.1

年份	本市生产总值	第一产业	第二产业	工业	第三产业
2000	100	0.1	62.1	61.1	37.8
2001	100	0.3	49.0	47.9	50.7
2002	100	0.3	55.3	54.0	44.4
2003	100	-0.5	66.1	63.6	34.4
2004	100	-0.5	63.8	64.3	36.7
2005	100	-0.4	63.7	63.7	36.7
2006	100	-0.4	52.6	51.2	47.8
2007	100	-0.1	51.0	50.5	49.1
2008	100	-0.1	51.8	51.7	48.3
2009	100	-0.1	45.0	40.2	55.1
2010	100	0	60.2	56.5	39.8
2011	100	0	54.4	51.4	45.6
2012	100	0	34.1	31.8	65.9
2013	100	-0.1	41.9	40.7	58.2
2014	100	0	39.8	39.4	60.2
2015	100	0	37.1	35.7	62.9

资料来源：根据深圳统计年鉴整理。

　　四是从三次产业对经济拉动力的角度看，深圳产业结构调整效果更为明显。1990年之前经济发展的拉动力完全依赖第三产业，1990年之后转变为主要依靠第二产业，1995年之后再次转变为第二产业和第三产业双引擎，2008年之后第三产业的作用开始超过第二产业。这样的变化体现出深圳产业结构转型升级的轨迹既非常清晰，也很符合经典的产业发展规律。如表6—4所示。

表6—4　　　　　　　三次产业拉动力（1980—2015年）　　　　　单位：%

年份	本市生产总值	第一产业	第二产业	工业	第三产业
1980	62.7	1.2	7.7	4.1	53.8
1981	53.8	7.3	16.9	9.6	29.6

续表

年份	本市生产总值	第一产业	第二产业	工 业	第三产业
1982	58.4	8.2	11.5	0.2	38.7
1983	58.3	1.1	11.5	7.3	45.7
1984	59.9	0.4	18.9	11.6	40.6
1985	24.5	-0.1	16.8	15.2	7.8
1986	2.7	1.1	2.1	2.3	-0.5
1987	25.4	0.3	11.9	12	13.2
1988	35.9	-0.4	16.0	13.4	20.3
1989	18.7	1.0	14.7	13	3.0
1990	32.5	0.3	20.7	19.1	11.5
1991	36.0	0.2	20.5	16.7	15.3
1992	33.2	0	15.0	9.0	18.2
1993	30.9	0	20.2	15.0	10.7
1994	30.9	-0.1	18.9	17.4	12.1
1995	23.8	0	12.1	10.6	11.7
1996	17.2	0	9.0	8.5	8.2
1997	16.9	0	8.8	7.9	8.1
1998	15.2	0	8.8	7.8	6.4
1999	14.7	0	8.6	7.8	6.1
2000	15.7	0	9.7	9.6	6.0
2001	14.3	0	7.0	6.9	7.3
2002	15.8	0	8.8	8.5	7.0
2003	19.2	-0.1	12.7	12.2	6.6
2004	17.3	-0.1	11.0	11.1	6.4
2005	15.1	-0.1	9.6	9.6	5.6
2006	16.6	-0.1	8.7	8.5	8.0
2007	14.8	0	7.5	7.5	7.3
2008	12.1	0	6.3	6.3	5.8
2009	10.7	0	4.8	4.3	5.9
2010	12.2	0	7.3	6.9	4.9

年份	本市生产总值	第一产业	第二产业	工 业	第三产业
2011	10.0	0	5.4	5.1	4.6
2012	10.0	0	3.4	3.2	6.6
2013	10.5	0	4.4	4.3	6.1
2014	8.8	0	3.5	3.5	5.3
2015	8.9	0	3.3	3.2	5.6

资料来源：根据深圳统计年鉴整理。

五是深圳产业结构高级化特征明显。深圳产业结构调整的最重要推动力是增量产业的发展，而增量产业又是以新兴的高科技产业发展、战略性新兴产业发展为重点，产业之间的技术跃迁、技术层级特别明显。深圳高科技产业的发展提升了深圳第二产业的质量和产业竞争力（图6—9、表5—4），特别是通过技术的扩散与渗透大大提升了传统优势产业的技术水平和技术含量，并促进了第三产业的发展，因此深圳的产业结构升级突破了传统发展经济的范式，形成了新结构主义经济的实践基础。2014年深圳工业中高新技术产业的比重达到63%，出口中的"三来一补"和进料加工已经大幅降低，产业结构转型已经取得巨大进展。深圳的现代服务业近年来加快发展，符合国家经济结构调整的目标。2014年第三产业占GDP比达到56.5%，创历史新高，其中近七成由现代服务业贡献。工业和服务业共同发力，拉动深圳经济有质量地快速增长。

深圳产业结构高级化的另一个明显标志，是贸易结构的持续改变。正如本书第五章第四节专门论述的，加工贸易产业在深圳的产业升级和对外贸易中一直扮演着无可替代的重要角色，因为深圳利用外资是以加工贸易作为起点，高速工业化也是以加工贸易为起点，加工贸易在深圳进出口总额中占相当大的比重，2000年前加工贸易在进出口总额中所占的比重一直在70%以上，一般贸易在进出口总额中所占比重较低，这也从一个方面反映了当时深圳产业的低端化。随着90年代中期以来深圳加快产业升级与转型，加工贸易在进出口总额中的比重不断下降，一般贸易在上升（图6—10）。另外，从2001年开始，深圳出口产品中高新技术产品的出口量高速增长，如表6—5所示，高新技术产品出口值占全年出口总值的比重逐年提升，在国际市场上的竞争能力越来越强，充分反映了深圳产业的成功高级化。

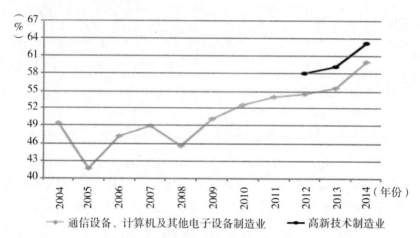

图6—9 2004年以来深圳高技术制造业发展情况及在工业增加值中的比重
资料来源：CEIC，中金公司研究部。

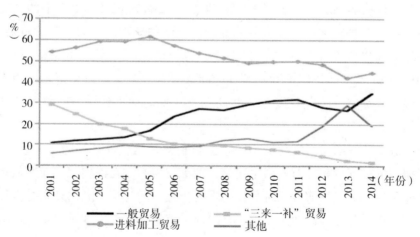

图6—10 2001年以来深圳出口结构中"三来一补"情况
（"三来一补"贸易持续下降，反映深圳工业的转型升级）
资料来源：CEIC，中金公司研究部。

表6—5　　　　　2001—2015年深圳市高新技术产品进出口情况　单位：亿美元

年份	进出口总额	进口	出口
2001	234	120	114
2002	335	178	157
2003	515	264	251
2004	693	342	351
2005	887	416	471
2006	1154	540	614
2007	1347	621	726
2008	1410	616	794
2009	1534	684	850
2010	1977	890	1087
2011	2241	994	1247
2012	2521	1108	1413
2013	3078	1388	1690
2014	2476	1109	1367
2015	2542	1139	1403

资料来源：根据深圳统计年鉴整理。

第三节　深圳产业结构升级的主要特点和存在问题

　　产业结构调整与升级是一个动态的过程，产业结构的升级具有突变性，突破了一般产业结构发展的规律。深圳产业结构的升级具有突变性，但发展过程具有明显的阶段性特征。产业结构的升级和转型分为三个阶段：产业发展的初级阶段，由完全的加工型产业为支柱，由低级加工向高级加工转型。第二阶段，由加工型向技术加工型转变，加工产品的技术水平和产业层次有所提升，产业技术阶层引进和消化先进技术。第三阶段，技术创新阶段，生产要素发生明显的转变，经济增长由劳动驱动、仿制驱动转变为技术创新驱动；生产结构明显改变，三次产业结构中服务业上升。总起来说，深圳产业结构转型升级具有如下几个突出特点。

一是深圳产业结构升级完全是"畸形"的,通过畸形发展奇迹般地实现了从"畸形"到正常化的发展过程。深圳产业结构的升级是在畸形的基础上启动的(前文中笔者已专门论及),也是在毫无科学研究基础、产业技术基础的条件下,通过引进加工贸易产业、引进技术以及通过"拿来主义"发展起高新技术产业并进一步实现自主创新的,这一点完全不同于世界其他经济体的发展路径与方式。同样,深圳也是在几乎空白的情况下发展起现代金融业等第三产业的。深圳建市 30 多年来,经济发展速度非常快,与此相对应的是产业结构由以一次产业为主的单一结构,迅速演变成二次产业和三次产业占主导的复合结构,目前第三产业在三次产业中的比重已经超过第二产业在三次产业中的比重。第二产业中,深圳产业的重心由传统的、粗放式的制造加工组装环节,逐步向高附加值环节和更多依靠创新、设计的高端智能化制造升级。但从时间上、实践上说是开创了一种畸形的跃迁式产业升级模式。

二是深圳产业结构跳跃式、突变型特点明显,不像其他经济体是一个线性过程,产业结构的超前发展虽然也如其他经济体一样加速了经济的发展,但却没有和国外经济体一样带来后遗症。深圳产业升级过程中,三次产业的构成比例变化非常清晰,充分反映出了产业结构的高速升级与跃迁。从深圳特区建立以来三次产业结构的变化可以看出,经历 30 多年发展,深圳在推进产业升级方面已经取得较大成果,实现了产业结构的跳跃式升级,产业结构得到明显的提升和改善,由原来第三产业占主导地位,迅速演变成第二产业占主导地位,并很快跃升到现在的第三产业占主导地位,从发展次序上说基本符合了产业发展演变的规律。但是深圳产业结构的整个变迁过程前后也就 30 多年,中间也没有经历重化工业阶段,直接跳跃进入到后工业化阶段最典型的信息技术产业,而且升级前后的产业之间没有明显的技术关联性和产业关联性,突变特征明显,发展过程不是一个线性过程。深圳的高速产业升级,目前走上了有质量的发展道路,而且战略性新兴产业、现代服务业的引领作用也越来越明显,说明深圳的产业升级没有像巴西等南美经济体以及我国香港一样带来后遗症,而是在产业形态上更加健康了。

三是深圳产业转型升级的阶段特征虽然很明显，但深圳产业结构的演变并没有遵循由低级到高级演进过程的阶段性。正如本书前面的分析指出的，深圳产业升级的阶段性特别清晰，特区成立以来产业发展的三个阶段各有特点，也就是从早期的第三产业占主导的畸形产业结构，迅速发展成为1985—2005年的第二产业占主导的阶段，2000年之后第三产业开始加速，2008年第三产业再次超过第二产业，目前进入第二、第三产业齐头并进共同推动经济发展的阶段。但深圳产业结构的演变，并没有遵循一般经济学意义的低级到高级的演进过程，而是跨过重化工等阶段，直接进入工业化的高级阶段。特区成立之初，深圳在从无到有的情况下，通过接收香港的产业转移发展加工贸易产业实现初步工业化；90年代中期开始，深圳通过提升加工贸易产业的技术水平、提升加工贸易产业的价值链，用"拿来主义"的方式大力发展高新技术产业，到2005年左右成功进入工业化的高级阶段。2010年之后，深圳大力发展战略性新兴产业和现代金融业，产业发展进入到罗斯托所说的追求高质量阶段。

四是深圳的产业结构升级不同于"亚洲四小龙"中的我国香港地区、新加坡这两个城市经济体，也不同于我国台湾地区和韩国，虽然深圳和韩国一样是通过章鱼式多元扩张提升产业结构的，但深圳在注重结构变迁的同时，没有忽视内在能力提升。深圳从特区建立到成为经济中心城市、从一个小渔村变成今天的"中国硅谷"，用了不到40年时间，特别是深圳的自主创新能力举世闻名。在这个过程中，深圳的产业是高速扩张的，产业门类也是非常繁杂的，既有劳动密集型产业，又有高新技术产业，还曾经有很多低端服务业。但深圳不同于韩国等其他经济体的是，深圳在扩张产业时，非常及时地淘汰落后产业、转移落后产业，也非常及时地扶持优势产业、淘汰落后企业。特别是深圳非常注重内在能力的提升，突出表现在1995年之后深圳大力发展高新技术产业，2010年之后大力发展战略性新兴产业，同时大力发展现代金融业，提升发展的层次与水平。特别需要关注的是，深圳在提升产业内在发展能力方面做得最成功，但也往往被人忽视的，就是深圳对传统产业不是转移了之、淘汰了之，而是通过加大对传统产业的技术改造，大力提升传统产业的发展能力和技术水平，形成了目前引以为傲的六大传统优势产业，深圳六大传统优势产业对深圳经济增长的贡献，丝毫不逊色高新技术产业（战略性新兴产业）、金融业、现代物流业、文化产业这四大支柱产业。

五是主导产业清晰，但主导产业的转换过程没有遵循一般经济学意义的顺序性。深圳产业升级过程中的主导产业非常清晰，从80年代的劳动密集型产业，到90年代中的高新技术产业，再到21世纪初的高新技术产业、金融业、现代物流业三大支柱产业，以及之后的战略性新兴产业、金融业、现代服务业、文化产业等，整个脉络非常清晰，而且主导产业在经济发展中的作用也非常明显。但是深圳产业升级过程中主导产业的转换过程，完全不同于本书第二章介绍的经济学家们的研究结论，也不同于罗斯托的主导产业理论，实践上也不同于"亚洲四小龙"，没有一般意义上的顺序性。这种产业升级路径可以说是一步一跨越，非常艰难地实现了转换，但这种做法只是一个特例，没有可复制性，是特定历史阶段特殊发展的产物，并不值得学习。

六是很好地发挥了市场导向和企业的主体作用。在整个产业升级的过程中，深圳抓住了80年代以来全球产业转移和经济全球化、知识经济等每一个发展机会，也很成功地避开了亚洲金融危机、世界金融危机的影响，甚至可以说抓住了两次危机中的"危中之机"。之所以能够如此，是深圳始终注重发挥市场的导向作用，从一开始就把产业发展放在全球市场竞争的环境下去考虑、去推动，让市场去选择产业、淘汰产业，而且一直坚持按市场规律办事、按经济规律办事、按科技发展规律办事。深圳特别注重发挥企业的市场主体作用，让企业在市场竞争中选择自己的发展方向，鼓励企业通过竞争发展壮大，该淘汰的企业坚决淘汰，该扶持的企业坚决扶持。正是因为企业成为市场的主体，所以深圳成长出来一大批具有生机和活力的企业。

七是政策引导效应明显。在产业升级的过程中，政府如何发挥作用也很重要。深圳在这方面做出了表率，在深圳产业升级的每个关键点，政府的政策都很好地扮演了引导的角色。例如，1995年深圳关于发展高新技术产业的决定，营造了良好的政策环境和社会环境，极大地推动了深圳高新技术产业的发展，为深圳产业的高级化奠定了制度基础；又如深圳推出的《关于加快产业转型升级的指导意见》，构建了以"高新软优"为特征的现代产业体系，在产业结构、技术创新、空间布局、人口结构等方面实现战略性转型，推动规模效益迈上新台阶。现代物流业、战略性新兴产业、文化产业、传统优势产业等，都是得到了政府政策的引导和大力推动才发展的。

深圳产业结构升级的成功，有许多做法值得推广。当然，深圳在产业升级方面也存在不足。

一是第三产业的发展虽然很好，符合产业升级一般规律，但房地产业的过快发展是不健康的，也会影响未来的产业升级。和全国一样，2000年之后深圳的房地产业高速发展，成为深圳的支柱产业之一，但高房价带来的负面影响也会日益明显。正如本书比较我国香港地区、新加坡和深圳特区的产业升级时指出的，香港目前产业升级停滞不前的最重要原因，是房地产业的过度发展，新加坡则比较好地处理了这个问题。我们应该吸取香港的教训，学习新加坡的成功做法，处理好房地产业的发展问题。

二是第二产业的发展应该更加强化。2006年以来，深圳的第三产业再次超过第二产业，这是深圳产业结构高级化成功的标志。但是我们也要看到，相比于服务业的发展，深圳制造业的优势有所弱化，这对深圳来说是要引起高度重视的，我们要吸取香港产业空心化的教训，坚定不移地大力发展第二产业。

三是要摈弃适度重型化的提法。深圳已经顺利地跨越了重化工业阶段，初步走上了后工业化阶段，说明深圳过去的产业升级是成功的。虽然深圳这样的发展过程不同于一般意义的发展顺序，但适度重型化不是补课，而是在走回头路。我们应该加快创新型城市建设的步伐，进一步提升产业发展水平。

第七章

深圳产业进一步转型升级的几点思考

20 世纪 70 年代末以来的四十来年，是人类经济发展史上最波澜壮阔的时期。近 40 年的时间里，世界经济先后经历了美国走出滞胀泥潭、日本陷入"失去的二十年"、亚洲金融危机、美国互联网泡沫破灭、美国次贷危机引发的世界金融危机以及继发性的欧洲债务危机等在内的一系列危机。同时这四十来年也是人类经济发展史上最辉煌的时期之一，以信息技术产业为代表的高科技产业的发展、知识经济的崛起、欧洲统一货币、新经济的发展、中国加入世界贸易组织等，特别是经济全球化和区域经济一体化全面深化以及中国成长为全球第二经济大国，这些代表性、标志性事件，是这个既飞速发展又波谲云诡时代的一个个鲜红的烙印。在全球化的今天，各个经济体之间的联系非常紧密，尽管目前全球化趋势有所逆转，但世界上没有哪个经济体可以不受全球经济环境的影响独自发展。深圳的成长恰恰就是与这个伟大时代的经济发展脉络相同步、共发展的，深圳的发展深深地打上了这个时代的烙印，外向型经济发达的深圳，在未来的发展中仍然会深深地受到国际经济变幻莫测的形势影响。

第一节　21 世纪以来国际产业转型升级的几个趋势

产业转型升级是生产方式和产业结构等发生显著变动的过程。经济全球化、区域一体化、科技经济一体化是整个 20 世纪下半叶全球产业转型升级的总趋势。21 世纪以来，受金融危机、日益兴起的全球民粹主义思潮的影响，全球化趋势等有所逆转，但总体趋势并没有发生根本性改变。纵览 2000 年以来全球产业转型升级进程，可归纳为全球化、知识化、服务化、生态化（绿色化）和智能化五个基本趋势。

一是全球化。经济全球化趋势是人类历史上最重要的发展趋势，经济全球化是以发达国家为主导，以跨国公司为主力，产业体系和价值链在世界范围内实现调整和重构的过程。具体表现在，随着产业分工的深化和市场的扩大，商品、服务以及资本、劳动和技术等生产要素跨国流动的规模加大，速度加快，世界各国经济的相互依赖性不断增强。全球化趋势发端于工业革命，但真正意义上的全球化始于 1980 年之后，90年代到 2008 年金融危机是全球化最鼎盛的时期。目前受金融危机的影响，各国开始倾向贸易保护主义，加上发达国家推进再工业化，对全球化趋势持怀疑态度的力量有所增加，导致全球化趋势有所逆转。2015年以来欧洲发生的几次恐怖袭击，特别是 2016 年 7 月法国国庆期间在尼斯发生的恐怖袭击事件，以及 2016 年 6 月英国的退欧公投，都给全球化趋势蒙上了一层厚厚的阴影，未来的若干年全球化趋势只能在曲折中向前发展。

二是知识化。产业的知识化，就是将知识作为重要的生产要素，用以生产更好的产品，开发更好的生产工具和生产工艺。当前，知识密集型产业在全球经济社会中的地位和作用日益突出，知识与信息的扩散和渗透，已经成为推动传统产业升级的最有效方式和途径，成为转变经济发展方式的内在动力。以知识经济为代表的新经济的兴起，推动着产业的知识化向纵深发展，产业的知识水平成为各国提升竞争力的重要领域。

三是服务化。产业的服务化是指服务业在产业体系中的比重不断增加的历史过程。随着生产方式的变革，产业服务化趋势更加明显，尤其是与制造业关系密切的生产性服务业和贯穿于金融、商务、教育等领域的现代服务业，逐步占据经济活动的主导地位。2010 年以来，服务化更是向着高服务化方向发展，而且随着发达国家的再工业化，服务化更是显现出新的发展方向，成为产业发展的重要助推力量。

四是生态化。产业生态化又称为产业绿色化，产业生态化是为适应能源紧缺、资源枯竭、环境污染、气候变暖等产业发展外部环境约束所形成的应变策略，已成为产业转型的重要方面。从宏观层次的国家产业发展的战略选择、管理立法，到中观层次的区域产业园区建设、布局，再到微观层面的企业生产技术改造、管理实践，生态化始终是贯穿其中的一条主线。党的十八大以来，以习近平为总书记的党中央提出一系列治国理政的新思想、新理念、新战略，创新、协调、绿色、开放、共享就是新思想、新理念、新战略中的重要组成部分，绿色发展由此成为我们发展的重要理念和重要遵循。突出强调绿色发展，是党中央对我国现阶段发展路径的重要调整，也是我们在总结过去30多年发展实践后下决心践行的发展理念。《中国制造2025》将绿色发展作为我国实现制造强国目标的基本方针，提出全面推行绿色制造，加快转变工业发展方式，构建绿色制造体系。产业生态化将成为制造业产业发展的新标杆，也将成为各国提升制造业竞争力的重要途径。

　　五是智能化。产业智能化是近年刚刚兴起的产业发展新趋势，是指人工智能技术在产业中的应用。以苹果智能手机的普及和金融危机后机器人的广泛使用为标志，智能化成为人类社会的重要发展新趋势。2016年以来，由于谷歌阿尔法狗在围棋大战中战胜人类，把人工智能推向了一个新高潮，可以说智能化水平代表了未来工业发展的方向，英国《经济学人》杂志甚至将人工智能的发展对未来世界的影响和19世纪工业革命联系起来，可见人工智能发展对产业发展的巨大影响。人工智能是未来产业变革的基础力量，对不同行业和场景的智能化改造是未来趋势，包括安防、金融、医疗、汽车、制造业、教育、广告、传媒、法律、智能家居、农业等均是人工智能落地的方向。未来五年内人工智能必将在语音识别、"工业眼"、辅助医疗、服务机器人、无人驾驶、虚拟现实等前沿领域崭露头角。目前，以智能制造为代表的"机器换人"成为加快经济转型升级和做大做强实体工业的重要抓手之一，先进的技术和创新发展将是未来制造业的主要特征，制造业目前正处于一个可持续、智能、安全和迅速崛起的阶段，在可以预见的一段时间里美国将是全球工业转型的领导者。先进的制造技术将是释放未来竞争力的关键，以物联网、智能产品和智能工厂为特征的"工业4.0"，以及先进的材料，都是全球制造业竞争力发展的至关重要的因素。

　　纵观这30多年的世界经济发展历程，无论是经济发达的美国、日本，经济快速成长的韩国、新加坡和我国香港地区，还是发展势头正盛的印度，其产业转型或多或少，或整体或局部，都反映了以上转型趋势。世界金融危机确实产生了深远的影响，但上述五个产业发展趋势不但不会发生根本性转变，而且很可能成为影响未来产业发展的最重要因素。符合这五个趋势就会赶上世界未来的产业发展潮流，在未来的竞争中占据主导地位，反之就会处在落后、被动的境地。

第二节　影响深圳未来产业升级的外部环境分析

当今整个世界仍处于工业化时代，美国等发达国家正在实施再工业化，因为工业生产能力和知识积累是关系一国经济长期发展绩效的关键，中国提出"中国制造2025"战略、走新型工业化道路，对于从工业大国向强国转变意义重大。当前新常态下各种挑战和机遇交织、内外经济形势空前严峻复杂，转型升级之路容不得半点儿闪失，否则很可能重蹈某些新兴工业化国家的覆辙。未来深圳的产业升级，离不开良好的外部经济环境。

一　2008年爆发的世界金融危机还在不断深化，对全球经济发展方向、趋势产生了深刻的影响

目前世界金融危机的影响还在持续，欧洲债务危机起起伏伏也还没有看到尽头；日本经济在安倍政府的强刺激下经过短暂反弹又再次陷入负利率下的经济停滞，"失去的二十年"没有结束的迹象；金砖国家除中国外经济都陷入重重危机，各资源型国家目前深受全球大宗商品价格暴跌的煎熬，个别国家甚至陷入国家崩溃的边缘；美国经济可以说一枝独秀，但目前看来复苏的基础也不牢固。这一切都对世界经济产生着决定性的影响，作为全球经济大家庭的一员我们不可能置身事外。总起来说，表现为以下几个方面。

一是美国的历次QE和欧盟、日本的货币宽松，实质上是一种用泡沫拯救泡沫、以债务置换债务的方式，迄今为止没能将世界经济拖出泥潭。从2008年全球经济危机爆发到2009年年中的"复苏假象"，再到2010年下半年第一轮货币效应消散后全球经济再次陷入漫长的沉沦期，至今世界各主要经济体的央行已经将"量化宽松"这一创新工具发挥

到了极致，前所未有的天量货币投入市场，曾经触底的资产价格随货币超发得到修复，但是经济增长依然疲弱，留给世界的是各国央行虚胖的资产负债表、企业和社会的高负债率以及濒临破产的政府财政。

先看看美国的情况。美国前后四轮 QE 以损失美元国际信用为代价（表 7—1），支撑了金融市场的复苏、以资产价格为核心的社会信用修复、低参与率的就业率反弹，但迄今为止仍然无法实现再工业化的战略目标。首先，为应对金融系统危机导致的百年危机，美联储以直接购买有毒资产的形式，为失去信用的金融体系注入流动性，以国家的信用为大到不能倒的金融巨头们背书，以货币超发挽救了金融泡沫破灭引发的系统风险。其次，通过美联储直接购买国债的方式支撑财政部实施减免税、消费补贴、加大福利支出等措施，带动房地产、汽车行业的复苏，以国家债务的扩张促进了家庭和企业资产负债表的修复。最后，过去七年间美联储资产负债表达到了危机前的 5 倍，政府债务上限不断上调，截至 2016 年 5 月达到了前所未有的 19 万亿美元，在美国立国 240 年的历史上第一次在和平时期出现了政府债务超过美国 GDP 的情况，可以说是背上了永远还不起的债务。虽然 2015 年 12 月美联储实施了金融危机以来的首次加息，但支撑加息的信心来源却是 5% 的失业率（需要面对的现实是，支撑失业率复苏的是持续下滑的就业参与率）。总起来看，美国金融泡沫的旧疾仍在，财政负债的新痛挥之不去，实体产业的复苏目前仍然面临诸多的困难和问题，2015 年底加息挥别零利率之后，美联储未来的加息之路仍然充满不确定性。

表 7—1　　　　　　　2008 年以来美国货币量化宽松情况

	时间	内容	目的
QE1	2008 年 11 月至 2010 年 4 月	购买房地美、房利美、联邦住房贷款银行与房地产有关的直接债务，还购买由两房、联邦政府国民抵押贷款协会所担保的抵押贷款支持证券	用于购买国家担保的问题资产，重建金融机构信用，向信贷市场注入流动性，稳定信贷市场
QE2	2010 年 11 月至 2011 年 6 月	购买美国国债	解决美国政府的财政危机

续表

	时间	内容	目的
QE3	2012 年 9 月	每月购买 400 亿美元抵押贷款支持证券，但未说明总购买规模和执行期限，继续执行卖出短期国债、买入长期国债的"扭曲操作"	刺激经济复苏和经济增长
QE4	2012 年 12 月	每月购买 450 亿美元国债，替代"扭曲操作"，加上 QE3 每月 400 亿美元的宽松额度，每月资产采购额达到 850 亿美元	维持美联储将联邦长期利率维持在低位的目标，缓解减资带来的负面影响

资料来源：根据公开资料整理。

再看看欧洲的情况。2008 年以来欧洲央行开始推行量化宽松，欧洲以 QE 保全了欧盟的完整，通过欧洲央行的负债避免了"欧猪们"的国家破产，但面对众多成员国财政修复的缓慢进程，通过 QE 输血向各国造血功能的转换之路遥遥无期。自从欧债危机以来，欧洲各国央行通过货币注资、国有化等多种方式向金融市场注入流动性，帮助欧洲金融市场走出了泥潭，但金融风险也触发了长期隐藏的高福利国家债务问题，将欧盟一体化以来的货币政策与财政政策不匹配的根源性问题彻底暴露，继而引发了更大的动荡。为了稳定局面，在 IMF 和欧洲央行的共同努力下，欧洲金融稳定基金（EFSF）、欧洲稳定机制（ESM）的永久性基金（规模 5000 亿欧元）前赴后继投入对希腊等国的救助，但是问题远远比想象中严重，虽然欧洲央行通过直接货币交易（OMT）、降息、存款负利率等方式刺激经济，使欧元区暂时摆脱了解体的风险，渡过了最危险的时刻，但是经济复苏势头一直不牢固。2016年初，为了摆脱通缩风险，欧盟再次宣布实施万亿规模的 QE 计划，并在 3 月将这一计划的时间和规模进一步扩张。但是目前为止除德国之外，欧盟其他国家仍被萧条笼罩，福利削减后的社会问题与经济问题交织在一起，随时可能将欧盟拖入新一轮的危机，希腊债务危机也会随时再度爆发。

　　最后看看日本的情况。20 世纪 90 年代以来，日本实施货币宽松的20 多年，目标就是走出通缩。但数轮 QE 后的数据显示，货币宽松带动了股市的上涨，但并未引导实体经济走向新增长。与欧美不同的是，在此轮经济危机之前，日本经济已经在对抗衰退的路上走了 10 年，2008 年的金融危机进一步加重了日本的通缩和经济停滞（图 7—1）。2008 年世界金融危机来袭后，日本重启新一轮 QE 计划（日本上一轮 QE 始于2001 年 3 月，于 2006 年初结束），并于 2010 年末加速，2012 年 12 月安倍第二次当政后，随即公布新一轮的量化宽松，并实行前所未有的债务政策来刺激市场发展，以及赤字货币化的政策，日本央行向金融系统注入了数千亿美元的额外资金，同时扩大了股票及房地产基金的购买规模，日经指数创下 18 年来新高。在超发货币的对冲下，日元进入快速贬值通道，不到一年时间日元兑美元最多时贬值超过 30%，旨在带动出口的复苏。但从实际效果来看，日本贸易逆差在 2014 年创下历史新高，2015 年由于原油价格的大幅下调，贸易逆差有所减少，也说明日本在白色家电、汽车等出口传统优势行业的竞争力已经大幅下降，单纯依靠货币刺激难以推动出口的持续增长。目前作为日本 QE 政策核心指标的CPI，QE 以来日本的通胀率并未如预期般快速上升，反而由于消费税的

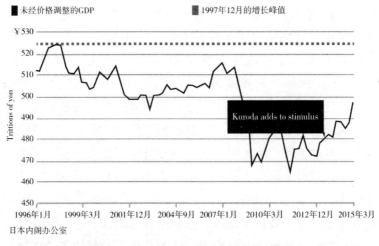

图 7—1　日本 1996 年以来的 GDP 情况

资料来源：彭博社。

上调有所下降，日本高达230%的政府债务主要依靠国内储蓄的支撑，面对人口老龄化的日益加重、停滞的工资水平，日本国内支出能力的有效提升显然无法通过单纯的货币超发来解决。更为让世人不解的是，2016年1月29日，日本央行意外实施负利率政策，震惊了全球，可是日元汇率不降反升，仅以日元兑美元来看，3月1日以来日元兑美元的汇率，最高曾达到105.56日元兑1美元的水平，目前一直在110日元兑1美元附近波动，日本央行弄巧成拙，完全没有达到预计的目标，反而让美国将日本列入汇率操纵国名单。

二是国际资本的逐利嗜血的特性，在国际金融市场不断兴风作浪，造成全球大宗商品暴涨后暴跌，对世界经济产生的消极影响制约经济复苏。以美元为核心的全球基础货币的大规模超发，引发了全球流动性泛滥，带动大宗商品市场的价格狂飙，导致中东资源型国家以及欧盟的商品进口国被动地产生输入性通胀；另外，美元、欧元与日元长期维持在零利率甚至负利率的水平，导致货币大规模向新兴经济体国家流入，引发新兴经济体国家金融市场与资产价格的暴涨，进一步推高了国内的通胀水平。

图7—2和图7—3反映的是2008年以来美元指数对全球大宗商品的影响。从图7—2、图7—3可以看出，美国经济的恢复和美元指数的持续上涨导致了其他货币的集体贬值和资本流出，形成正反馈，这一影响对新兴市场国家尤为明显。有数据显示，从2014年6月开始的13个月里，新兴经济体的资金流出总量达9400亿美元。2015年8月全球市场动荡，美联储加息预期的热炒使全球投资者恐慌情绪到达顶峰，新兴市场国家股市、债市、房地产市场等出现大规模回调，导致我国的资产价格和金融市场陷入风险境地。另外，为了对冲货币快速流出的影响，新兴国家汇率升值、加息等政策进一步加大了经济增长的压力，使得这些国家不得不在痛苦中挣扎。而与美元指数强劲走势形成鲜明对比的，是以原油为代表的国际大宗商品价格自2014年初以来呈现的直线下跌态势，引发资源国过剩产能暴露，澳元、巴西雷亚尔这类资源型货币成为市场抛弃的对象，图7—4和图7—5是2008年以来巴西商品受美元指数影响的波动情况。

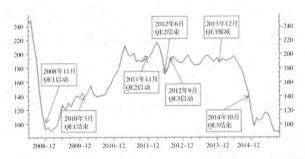

图 7—2　2008 年以来全球能源初级产品价格指数与美国 QE

资料来源：北京均衡博弈公共研究院。

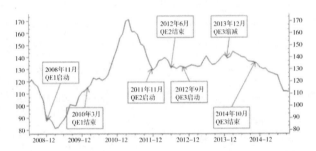

图 7—3　2008 年以来能源农业原料产品价格指数与美国 QE

资料来源：北京均衡博弈公共研究院。

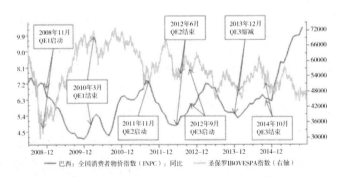

图 7—4　2008 年以来巴西 IBOVESPA 指数和 INPC 指数走势与美国 QE

资料来源：北京均衡博弈公共研究院。

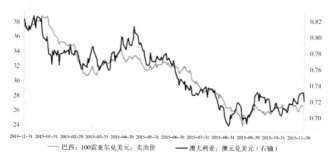

图 7—5　2015 以来巴西雷亚尔和澳元的汇率走势

资料来源：北京均衡博弈公共研究院。

　　三是金融危机造成各国经济萎缩的同时外需减少，贸易保护主义抬头。2008 年全球金融危机后，发达国家杠杆消费模式被打破，全球需求陷入萎缩，目前全球已经进入到外需市场萎缩的新一轮长周期。同时，发达国家的再工业化政策对劳动密集型国家的生产活动产生挤出效应，进一步加重了需求不足和产能过剩。

　　首先，20 世纪 80 年代以来形成的新兴市场国家生产和发达国家消费的单向传递链条，促进了各国经济繁荣和全球化趋势，但也存在严重的非闭环缺陷。为了维持这一链条，发达国家必须采取加杠杆透支消费的模式支撑这一链条，最终导致全球国际收支失衡，即美国资本顺差远远小于经常项目逆差，而中国、东盟等新兴市场国家双顺差。如图 7—6、图 7—7 所示。

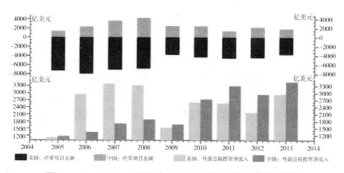

图 7—6　2004—2014 年中美之间的贸易差额情况

资料来源：北京均衡博弈公共研究院。

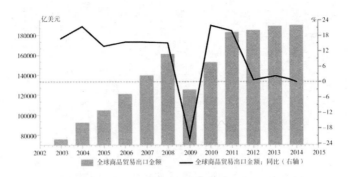

图 7—7　2003—2014 年全球商品贸易出口金额及其增速

资料来源：北京均衡博弈公共研究院。

　　其次，这次起源于美国的全球金融危机，可以说既是这种全球性失衡的必然结果，也是一种带有巨大破坏性的强制性自我修正。但这种强制性自我修正导致了长期流行的借贷消费模式无法继续维持，全球需求断崖式下跌，我国也陷入了自加入 WTO 以来所形成的以基本工业品为核心的外需拉动动力的逐渐衰竭。2008 年后全球经济进入再平衡阶段，产生了对世界经济至关重要的两个变化：一是以美国、德国等为首的发达国家，开始启动再工业化进程，使得全球生产分工与产业转移基本进入停顿阶段，严重影响了 1980 年以来世界经济全球化带来的产业合作与转移趋势（图 7—8），包括中国在内的新兴工业化国家的生产活动受到影响，发展面临很多困难；二是资本流动以及与资本流动紧密相随的生产资本流动出现逆转，造成发展中国家特别是原材料生产国家经济停

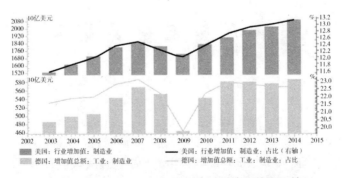

图 7—8　2003—2014 年美国与德国制造业的发展情况

资料来源：北京均衡博弈公共研究院。

滞,民生凋敝,使得区域间贫富差距继续扩大,新需求的扩张与新市场的崛起也遥遥无期。

二 世界各国为了摆脱危机,争相推出各种贸易保护主义政策,在汇率等方面出现竞争性贬值,以 TPP、TIPP 为代表的新国际贸易体系构建过程中出现了明显的排他性,阻碍世界贸易的健康发展

2008 年的世界金融危机,暴露出各个经济体长期隐藏的结构性问题,危机的不断演化使得以前隐藏的各种结构性问题全面暴露,成为经济恢复发展的最主要障碍。

一是导致了全球化的国际分工和产能转移的结束,经济全球化趋势出现较为明显的逆转。危机过后很多国家经济低迷乃至负增长、社会动荡、矛盾频仍,各国政府出于自身的考虑以及来自狭隘民族主义思潮的压力,开始转变和调整自己国家的经济社会发展战略,修正自己国家的发展路径。欧美国家推出了"削减福利、整固财政"及再工业化战略,这导致全球需求收缩、产能竞争更加激烈,预示着国际分工导致的全球产能转移与全球化过程基本停顿下来甚至出现逆转。

这一点在我国表现得特别突出:在经济全球化带来的国际分工及产能转移和我国加入 WTO 的背景下,得益于我国的低成本要素比较优势以及改革开放以来的各项经济政策,中国经济迅速融入全球分工体系,我国在获得巨大发展利益的同时也为世界经济的繁荣做出了很大贡献,"中国制造"迅速崛起并成长为全球第一制造业大国。但本次危机导致发达国家消费、新兴国家生产的全球化体系处于调整甚至瓦解状态,欧美国家的"削减福利、整固财政"和再工业化趋势,对包括我国在内的新兴市场国家造成明显的产能挤出效应,基本上结束了 1980 年以来的国际分工产能转移。加上近 10 多年来各项要素成本大幅上升削弱了比较成本优势,支撑我国这些年制造业发展的各种有利条件几乎全部消失。另外,改革开放以来的 30 多年,我们一直行之有效的模仿和学习的后发优势已经逐渐转化为劣势,目前可以利用的低成本学习和模仿的技术和知识大幅缩减,加上我国的 R&D 投入不足、人力资本积累不足、自主创新能力不足,使得最近几年全要素劳动生产率的增长停滞不前,特别是最近两年我国的全要素劳动生产率甚至是负增长,给我国经济带来很大的负面影响。

　　研究表明，2008 年以来中国与发达国家的工业生产成本差距显著缩小，对我们的制造业形成巨大挑战。目前我国的一些制造企业已经在美国建设工厂，这些企业发现产品在美国南方生产居然比在中国本土生产要便宜。例如，我国科尔集团投资 2.18 亿美元在美国南卡罗来纳州开办纱厂，另一家中国制造企业江南化纤公司则在该州投资 4500 万美元，印度的什里瓦拉巴·皮蒂集团投资 7000 亿美元在佐治亚州的西尔韦尼亚附近建造棉纺厂。又如，中国汽车玻璃厂商福耀玻璃投资 2.3 亿美元在俄亥俄州建厂，也有中国的其他企业扩大在美国明尼苏达州西锐航空设计公司和密歇根州耐世特汽车系统公司的生产能力。波士顿咨询公司编制的一个指数显示，在美国生产某些东西和在中国生产同样东西的成本差已大大缩小，2004 年在美国用 1 美元生产出来的商品在中国可以用 86.5 美分生产出来，而 10 年后的 2014 年情况发生逆转，在美国用 1 美元生产出来的产品在中国生产则要花 95.6 美分，省不了多少钱，据此波士顿咨询公司认为，美国现在是发达国家制造业成本最低的地方之一。荣鼎咨询公司研究部主任蒂洛·哈内曼研究了中国在美投资后表示，这些制造业岗位的回归其实并非由于美国境内发生变化，"那主要反映了中国境内商贸形势的变化"。随着中国经济发展，工资水平上升，土地、能源和其他原材料的成本也在上涨，若中国企业的产品需要有高素质工人或需要靠近美国消费者而不需要大批廉价劳动力，那么在美国进行生产就合情合理。

　　二是各国面对危机强化了贸易保护，而汇率的竞相贬值造成了以邻为壑的不正当竞争，阻碍了全球贸易的发展。危机的持续、经济发展的停滞，促使全球性的贸易保护升级，对世界经济造成破坏性影响。2009 年以来，各国领导人虽一再宣称要联合抵制贸易保护主义，但事实证明各种形式的国际贸易摩擦与冲突源源不断，这一趋势在 2014—2015 年达到新的高潮。出于对各自国家国内企业及就业的保护以及为了抢占市场，技术标准、检验检疫、环保要求、社会责任、劳工福利、动物福利等条件都成为欧美等主要进口国设置贸易壁垒的借口。贸易摩擦、贸易制裁、汇率攻击等国际贸易保护的反制措施被屡屡使用，造成世界贸易在经济发展中的作用没有很好地发挥出来。

目前全球贸易保护壁垒仍在缓慢垒高。据总部位于日内瓦的世界贸易组织发布的贸易监测报告称，二十国集团各经济体自 2015 年 5 月以来实施新贸易限制措施的频率仍然维持在历史低位，但其实施的贸易限制措施总量较前一阶段仍有所上升。根据报告，2015 年 5 月中旬至 10 月中旬，二十国集团各经济体共实施了 86 项新贸易限制措施，平均每月实施约 17 项，这一频率与上一次报告监测时段（2014 年 10 月中旬至 2015 年 5 月中旬）持平。但是报告同时指出，目前二十国集团中仍在推行的贸易限制措施共有 1087 项，数量比前一阶段增加 5%，尽管二十国集团一再承诺会减少贸易保护措施，但自 2008 年来实施的贸易限制措施中，到目前为止只有不到 1/4 得以取消。报告强调二十国集团有必要在消除现存贸易壁垒、追求更进一步的多边贸易自由化等方面做出表率。

特别值得关注的是，多哈回合谈判（DDA）的失败与 WTO 日益边缘化，对世界贸易发展造成巨大损伤。2014 年 7 月 29 日，历时七年之久的多哈回合谈判最终失败，多哈回合谈判是 WTO 成立以来的第一轮多边贸易谈判，是迄今为止参加方最多、议题最广的一轮谈判，涉及农业、制造业、服务业、贸易规则、知识产权、发展、贸易与环境、贸易便利化等众多议题，涵盖 95% 以上的全球贸易。多哈回合谈判的失败意味着世界贸易组织的信誉及合法性遭到重创，WTO 将日益边缘化。

三是目前正在涌现的区域性与双边性的贸易协议，如 TPP、TTIP、TISA、FTAAP、RCEP 等，这些重新划分市场范围和边界的高水平贸易协议日益成为全球贸易体系中的主流，它们取代世界贸易组织应该是大概率事件。这些新的贸易协议的逐步生效，将对全球贸易格局产生划时代的、颠覆性的影响，对目前跃居世界贸易头号大国的中国将产生更加深远的影响。以 TPP 为例，据日本政府公布的跨太平洋经济合作协定（TPP）谈判达成的基本共识，协定生效后取消关税的内容全貌如图 7—9 所示，这就意味着在日本与 TPP 成员国开展贸易的 9018 个品类中，将取消 95% 的进口关税。这样大规模、宽范围降低关税的幅度，与日本过去签署的经济合作协定（EPA）相比，此次将创下最高的自由化率。特别是一直以来日本坚决维护的农业领域，在农林水产品中除了大米、牛肉和猪肉等之外，51% 的品类将在 TPP 生效后立即取消关税，而最终将有 81% 的品类取消关税。同时，在日本对美国等 TPP 区域内的出口方面，工业品的 99% 以上品类将取消关税，这将极大推动亚太地区的经济活动。由此不难看出，随着 TPP 的生效，将对同处亚太地区的我国对外贸易尤其是对 TPP 国家的贸易，产生非常大的竞争压力。

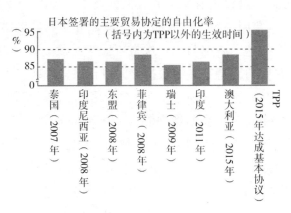

（注）TPP以外的生效的10年后。TPP包括10年以后生效

图 7—9　日本签注的主要贸易协定自由化率

资料来源：安邦每日经济，2015 年 4 月。

三　危机过后，各国都面临经济和社会的结构性调整，包括美国和欧洲在内的再工业化等经济政策的演变，深刻地影响和改变着技术资本、产业资本、金融资本的流向和作用方式，正在重塑未来的全球经济竞争格局和经济发展模式，新一轮争夺工业的大战已经全面打响[①]

从 20 世纪 90 年代到 2008 年金融危机之前，全球工业化的发展趋势是"价值链分割化"的过程，即在工业生产过程中，产业和产品生产链的不同生产环节被割裂到不同的国家或地区，这样做的结果就是大量国家和地区参与了工业生产的全产业链过程。以手机为例，构成一部手机的显示屏、芯片和耳机等众多零部件和配件，是在包括我国在内的许多国家和地区生产的。金融危机之后，在全球兴盛了 30 多年的工业生产分散化态势发生了 180 度的大逆转，由于新兴市场国家和地区生产成本攀升，全球工业布局开始重新进行配置，收缩了范围，从分散到多个国家和地区转向集中到少数几个国家和地区，也就是说目前的工业再

① 祁月：《新一轮"世界大战"——争夺工业》，《华尔街见闻》2016 年 5 月 3 日。

配置过程与以往的趋势恰好相反。工业生产之所以出现如此明显的转变，主要是三大原因导致的。

一是新兴市场国家的生产成本大幅增长，这给这些国家和地区的工业生产造成了压力，中国就是其中的典型代表（图7—10）。华尔街见闻曾援引咨询公司韬睿惠悦（Willis Towers Watson）的报告称，中国各行业基本工资比印尼高出5%—44%，而印尼已经是东盟国家中劳动力成本最高的国家了。

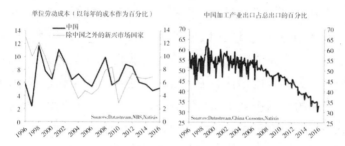

图7—10　1996年以来中国单位劳动成本变化以及出口中劳动成本占比的变化情况

资料来源：祁月：《新一轮"世界大战"——争夺工业》，《华尔街见闻》2016年5月3日。

二是目前工业生产在全球经济中所占的比重有所下滑，将生产中心分散在多个地区的必要性下降了，如图7—11所示。

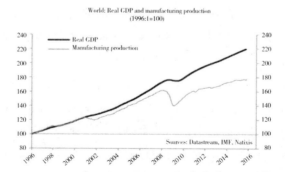

图7—11　1996年以来全球实际GDP增长指数与制造业发展指数

资料来源：祁月：《新一轮"世界大战"——争夺工业》，《华尔街见闻》2016年5月3日。

三是运输成本攀升的预期也使得工业生产布局开始收缩，而更严格的碳排放标准可能导致运输成本增加。

此外，人才问题也是各国发展或振兴制造业的共同障碍，即使是美国和德国，人才缺乏也是它们实施工业 4.0 面临的最大阻碍。波士顿咨询集团（BCG）近日发布了《"工业 4.0"赛跑加速时代》报告，对"工业 4.0"概念在美国与德国的落地进行了研究，报告数据来源于 315 个美国制造企业和 312 个德国制造企业。在"工业 4.0"的落地上，德国企业比美国企业抢先一步。根据报告，47%的德国企业和 29%的美国企业对"工业 4.0"已经拥有初步概念，19%的德国企业和 16%的美国企业已经开始在生产管理实践中实施"工业 4.0"计划。报告显示，40%的德国企业认为"工业 4.0"的实施缺乏有资质的员工，这一比例在美国是 35%；41%的德国企业担忧"工业 4.0"实施过程中的数据安全问题，32%的美国企业有此顾虑；31%的德国企业担心实施"工业 4.0"将会扩大投资需求，面临此项挑战的美国企业更多，达到 33%。综合两国情况，38%的企业都面临缺乏有资质的人才的挑战，这是两国实施"工业 4.0"共同面临的最大阻碍。综合两国数据，在"工业 4.0"时代，最热的三项技能是数据管理、数据安全和软件开发，平均超过 50%的企业都需要此类人才；而企业对机械操作和人工加工技能的需求最小，平均只有 33%的企业需要机械操作人员，47%的企业需要人工加工人才。当美德两国迈入"工业 4.0"时代，中国也提出了自己的《中国制造 2025》行动纲领。正如美德两国面临的最大挑战是人才的匮乏，要实现中国从制造业大国向制造业强国的转变，最关键的推动力也是人才。如何培养、吸纳和留住人才、如何构建合理的人才架构，都是中国制造业企业需要思考和解决的关键问题。

日本在发展"工业 4.0"方面也是不遗余力的。金融危机后，德国率先提出"工业 4.0"计划，该计划引起众多发达国家重新思考制造业未来发展模式，对包括中国在内的新兴经济体制造业未来发展方向也起到了一定影响。作为一个传统的制造业强国，日本官方目前未给出明确计划，日本学者藤原洋却率先提出了日本版"工业 4.0"设想。他在《第四次工业革命》一书中强调，日本版"工业 4.0"概念包括但不限于制造业，而是世界所有民族、所有国家、所有产业共同的"第四次工业革命"，其目的是为了全球可持续发展。作者指出不同于以德国为代表的"工业4.0"以物联网和智能制造为主导工业，日本版"工业4.0"是以智能电网为主导，"太阳能"、"高温超导直流输电技术"、"电动汽车"这三大技术将让日本环境能源产业成为具有国际竞争力的基础产业。日本从战后至今所面对的经济危机的本质，正是在于依存化石燃料的工业产品的出口产业走向衰退、经济高度集中于首都圈，以及能源资源与食物高度依存于外国进口。而解决这些经济问题的秘诀是"能源与信息的地产地销模式"，在构建这一模式时应当首先构建以太阳能等可再生能源为核心的"地产地销型能源电网（配电网络）"，其次建立以空白频谱为核心的"地产地销型信息电网（智能电表网络）"，最后是将能源电网与信息电网合并，进而确立能源与信息的地产地销模式。如今，日本以构建地产地销模式为目标，已经开始了实证性实验，并且预计将持续五年时间。日本拥有世界上最为卓越的环境能源技术，拥有可以解决全球发展中国家所面临问题的力量。即便从国际竞争力的角度来看，我们也有必要有效利用日本尖端技术确立能源革命的世界标准。"日本社会需要率先过渡至'太阳能经济'社会……"作者认为，如果此举能够成功，世界将从能源不足、水与食物匮乏、纷争与战争的困境当中得到解放，日本也会得到世界各国的尊重。

美国目前以重振制造业和大力发展实体经济为核心的"再工业化"战略，是通过现代信息技术与制造业融合、制造与服务的融合来提升复杂产品的制造能力以及制造业快速满足消费者个性化需求的能力，这种制造业信息化与服务化的趋势使得制造业重新获得竞争优势。美国的再工业化是美国应对金融危机的重大举措之一，七年多来取得了比较明显的效果，我们可以通过近年来德美贸易结构的变化，观察美国"再工业化"的路径和效果。德国联邦统计局不久前公布的2015年统计数据显示，美国以1732亿欧元的贸易总额超过法国，时隔55年后再次成为德国最重要的贸易伙伴。此前长达41年，法国一直都是德国最大的贸易伙伴。美国超越法国的直接原因，在于德国对美国出口额的显著上升。近年来，德国对美国的贸易额在激增，从2014年的近960亿欧元增长到2015年的近1140亿欧元。从2015年的情况来看，德国对美国出口最重要的商品为汽车和汽车零部件，高达340亿欧元；其次是机械设备，达到 177 亿欧元；接着是医药产品，达到 134 亿欧元；电脑、电视及电话等数据处理设备出口额达 95 亿欧元；化工产品、电气设备则各超过 60 亿欧元。而 2015 年德国对美进口货物总值达 593 亿欧元，主要也集中在购买数据处理设备、医药和汽车等产品。德国外贸方面专家尼尔斯·严森指出，美国之所以跃升第一，很大原因在于其经济活动相对走强。相比于法国国内生产总值在 2012 年到 2015 年仅为 0.6% 的年均增长速度，美国同期年均增速达 2%，刺激了德国的出口需求。加上 2015 年以来，欧元兑美元贬值幅度超过 10%，也刺激了德国对美国的出口。正在美国和欧洲之间谈判的跨大西洋贸易投资伙伴关系协定，对德美贸易的影响也十分微妙。严森表示："这一协定有助于促进德美之间的贸易往来，但也会减少德国与法国和其他国家的贸易活动。因此，美国作为贸易伙伴的意义可能进一步加大。"从德美贸易结构变化也可以清晰地看出，自世界金融危机以后，美国开始的"再工业化"并不是一个政治口号，而是真正在全力推进。

第三节　经济发展中的结构性问题及深圳面临的结构性问题的具体体现

一　经济发展过程中的结构性问题

纵观改革开放 30 多年来全球发展的历史轨迹，可以发现：在经济全球化和区域一体化的推动下，对市场经济的改革从来没有停顿过，无论是发达国家还是发展中国家，不管是计划经济国家还是市场经济国家，经济社会发展中的结构性问题都在不同阶段、不同程度、不同方式发生过。总体说来，改革的内容和范围都和市场经济有关，区别主要是两大类：一是从计划经济体制向市场经济体制的转变，也就是我们通常说的体制改革，或称之为市场化取向的改革，这种类型的改革主要发生在转轨国家；二是对市场经济不断进行完善、规范的结构改革，可以称之为结构性取向的改革，这种类型的改革主要发生在已经是市场经济体制的发达国家和部分发展中国家。

从全球视野的角度看，以市场化为取向的体制改革，其主要特点和发展趋势包含如下几个方面。

一是市场化为取向的体制改革，就是要让市场成为配置资源的主导力量，使之在经济运行中发挥基础性作用。简单地说，就是政府力量从诸多经济领域中退出，让市场发挥主导作用。从东亚、北非和拉丁美洲等"新兴市场经济体"的自由化改革，到中、东欧和苏联国家的计划经济向市场经济转轨改革，很大程度上都可以归结为政府力量让位于市场力量的过程。

二是未来的较长一段时间里，以市场化为取向的体制改革仍然是多数发展中国家，尤其是转轨国家改革的重要内容。一方面，从计划向市场转轨的过程中，除了存在很多市场化不够彻底的领域之外，还出现一些新情况，如前期改革形成的利益集团对进一步改革形成的阻碍。另一方面，前期的改革中存在许多不规范行为，造成市场秩序还不够规范。同时改革也暴露出了市场失灵和市场缺陷等问题，这些都需要通过下一阶段的体制改革来弥补、完善或纠正。

三是在市场化改革取得初步成效后，进一步改革的核心就是政府体制的改革。简言之，就是要改革政府本身，使政府的管理和服务适应市场经济的要求，更好地行使"监督者"的作用。因此，政府职能的转变是所有转轨国家面临的共同问题，政府职能要真正转变到制定政策、实施监督和提供公共服务上来，对国民经济进行全面的规划协调、服务和监督。政府是要"掌舵"而不是"划桨"，要当好"裁判员"而不是"运动员"。

四是以市场化为取向的体制改革的终极目标是建设完善的法治市场经济。法治对现代市场经济的发展和经济效率起着重要的促进作用，它是现代市场经济从本质上区别于传统市场经济的主要原因。法治的市场经济，就是要通过法律约束政府的行为，同时依照法律发挥其支持和增进市场的作用。

在市场经济国家发生的、以规范和完善市场体系为目标的结构改革，近年来从日本、韩国到欧洲、美国以及拉美国家，大有风起云涌之势，其主要特点和发展趋势如下。

首先，在部分发达市场经济国家，实施结构改革的目的在于挖掘生产潜力，增强经济的活力，或者使经济体系对外部的冲击更具灵活和弹性。以欧洲为例，其结构改革的重点是要解决失业率居高不下的问题。

为促进劳动力、产品和资本市场的结构改革，1998 年欧洲通过了"卢森堡和卡迪夫进程"，在这一框架下，2000 年 3 月的里斯本欧盟理事会又提出了经济与社会改革的十年规划，旨在促使欧盟成为世界经济中最具竞争力和以知识经济为基础，有可持续性经济增长能力和更多就业机会、更大社会凝聚力的经济实体。欧洲国家的结构改革大体上是在金融市场、商品与劳务市场、劳工市场和税收制度等四个领域中进行的。

其次，在一些发展中的市场经济国家，结构改革的主要目标是为了放松管制，加快实现经济自由化的进程。20 世纪 80 年代中期，拉丁美洲国家就开始实施结构改革政策，比如外贸体制的自由化、税收体制的简化、放松利率和信贷、国有企业私有化等；同一时期阿拉伯国家也着手结构改革，涉及的领域有国有企业、财政部门、金融部门、对内与对外自由化措施、利率自由化、保护承受力差的阶层等。在印度，1991年前的一场经济危机促使政府实施一项范围广泛的结构改革计划，对工业、农业、外贸、支付体制以及税收和财政金融体制等领域，进行了广泛的改革。亚洲金融危机之后，许多东南亚国家也开始感受到结构改革的紧迫性，部分国家推行了一系列的结构性改革，取得了很好的成效。

再次，在部分发达市场经济国家，结构改革的主要目标是要弥补市场缺陷，加强对行业的监管。比如美国的结构改革，始于 2001 年以来安然、世通、施乐等一批大公司会计丑闻的接连曝光，这些丑闻不仅震撼了美国及国际社会，也使人们对美国式自由市场经济制度产生质疑。这些丑闻的爆发揭示出，即使在法律完备的美国，同样存在制度缺陷与法律滞后问题，行业监管体制的改革势在必行。为此，小布什政府发动了针对证券市场监管体制、会计和审计监管体制、能源市场监管体制的一系列改革。

最后，在部分发达市场经济国家，结构改革的主要目标是对公司治理结构进行改革，重构政府、企业、银行之间的关系。比如日本和韩国的结构改革，就是以此为核心展开。20 世纪 90 年代以来，结构改革成为日本国内一个讨论的焦点话题，从 1995 年村山内阁提出结构改革的社会经济计划，到 1996 年桥本内阁的"结构改革元年"的宣言，再到小泉内阁提出的"结构改革优先"，无一不反映出日本结构问题的严重性，也表现了结构改革的必要性，日本正面临着重新调整政府、企业和银行之间的关系的艰巨任务。在1997—1998年亚洲金融危机的猛烈冲击下，韩国经济受到巨大打击，危机迫使韩国开始反思，为此韩国将改革的重点确定为理顺政府、金融机构和企业的关系，逐步建立"民主的市场经济"。韩国在加快金融部门结构改革的同时，也加快大企业的结构改革。

二 深圳经济发展中面临的结构性问题

正如上述对经济结构性问题的定义，不管是哪个类型的经济体，都是存在结构性问题的，而且这些结构性问题很多时候往往处在隐蔽状态。这次世界性金融危机的爆发以及持续肆虐、欧债危机、日本经济"失去的二十年"、2016年6月英国的脱欧公投等，这一系列对经济社会发展造成重大影响、对未来经济发展形成很大制约的经济事件，实质上都是各个经济体自身结构性问题的总爆发。对中国来说，当前我国潜在经济增长速度之所以下跌，原因在于经济的基本面，而经济基本面的改善，很大程度上取决于制度创新和结构调整，也就是说我们也需要结构性改革。不同于西方国家结构性问题的是，目前我国结构改革的目标是培养创造和创新能力，提高资本效率、劳动生产率和全要素生产率，当然我们的制度创新和结构调整难以在短期内完成和取得成效，潜在经济增长速度的稳定和回升也经过相当长一段时间之后才能实现。

那么深圳经济发展是否存在结构性问题呢？对于这个问题，人们的认识是很不相同的。大部分人认为，深圳经济已经走上了有质量的稳定发展阶段，目前深圳经济结构合理，产业结构日益高级化，特别是战略性新兴产业蓬勃发展，企业充满活力，政府政策适宜，所有这一切都表明深圳经济发展不存在结构性问题。这个观点确实很有理论和实践依据，但笔者认为这种观点是不正确的，或者说是很不全面的。首先，每个经济体在不同的发展阶段，都有自身特有的结构性问题，而经济发展存在的结构性问题，往往会因为经济发展比较好而被掩盖，因而总是被人忽视，一旦结构性问题暴露出来，往往都是在危机发生之后。其次，深圳近40年来经济高速发展，产业高速转型升级，成功地跨越阶段性而进入后工业化阶段。这样的成功除了让人振奋外，也容易让人产生错觉，看不到存在的结构性问题。最后，正如笔者前文所说，深圳跨越式的产业升级目前没有留下明显的后遗症，这是一个奇迹，也是一个"运气"，深圳刚好碰到了中国改革开放、全球性产业转移、经济全球化和中国加入 WTO 等重大历史机遇，深圳产业跨越式升级时隐藏的结构性问题用改革的方法、发展的方法解决了，所以没有显现出来，但并不表示当时没有结构性问题，也不表示目前隐藏的结构性问题未来不会显现出来。对此我们要有客观的认识和准确的判断，并继续用改革的办法、发展的办法去解决结构性问题。

目前深圳经济发展的结构性问题主要体现在哪些方面？笔者认为主要有如下几个问题。

一是市场化、法制化存在问题。市场化是深圳产业升级的成功所在，也是深圳推进经济发展的最重要路径，深圳能有今天的经济成就很大程度上也是得益于走市场化的道路，最大限度地发挥了"看不见的手"的作用。但是近 40 年的发展，并没有完全让非市场因素彻底退出应该市场化的领域，而且实际上某些逆市场化、阻碍市场发挥决定性作用的因素近些年还有所加强，违反市场化规律的许多行为反而有所增加，对经济的发展产生了明显阻碍作用。另外就是法制化问题，市场经济就是法治经济，深圳在法制化方面一直走在前列，而且探索出了许多法制化的新途径。但我们也必须看到，近些年深圳在推进法制化方面做得很不够，因而未来深圳在法制化方面还有很长的路要走，法制化方面存在的缺陷已经明显阻碍了深圳的发展。

二是政府的经济管理方式存在问题。深圳从建市之初，就遵从"小政府、大社会"的管理体制，迄今为止政府制定的各项产业政策既合乎经济规律，又紧紧抓住了世界新一轮产业革命带来的新机遇，许多产业政策都是很超前的，对产业升级起到了非常好的引导作用。但我们也要看到，深圳目前已经发展成为 2000 万人的大都市，经济的总量一直位居全国城市的第四名，外贸出口连续 20 多年居全国第一，政府面对的经济发展局面比以前要复杂很多，但这些年政府在转变经济管理方式方面还存在很多不适应，经济政策的超前性、引导性不如从前，服务型政府建设还任重道远。要提升政策的预见性、引导性，提升财政资金支持产业的效率和效益。

三是产业发展的动力机制问题。正如笔者前文所述，产业升级是一个动态过程，需要持续不断地推进。产业发展的动力一个是内生动力，主要来源于产业的技术创新；另一个是外部动力，主要来源于市场竞争。目前深圳产业发展的动力机制比较健全，但无论是内生动力还是外部动力，都存在不少问题，特别是内生动力方面，深圳对产业技术创新的重视程度非常不够，甚至可以说产业技术创新还没有提到议事日程，中小企业的技术创新机制也没有完全建立起来。外部动力方面，由于深圳外向型经济发达，制造业与国际市场的联系非常紧密，因此外部市场的变化对深圳产业的影响非常大，目前非常需要关注的是 TPP 和知识产权的保护与管理等，如何发挥好市场动力作用的同时应对好金融危机带来的市场风险也是很重要的。

四是未来主导产业的选择与培育问题。很多人认为未来深圳的主导产业相当清晰，不存在选择问题。笔者认为这种认识是不全面的。因为任何一个经济体的主导产业都不可能一成不变，就是同一个主导产业其产业内部也存在一个动态的进化方向选择问题。对于深圳未来主导产业的选择，很显然大家认为应该把战略性新兴产业放在第一位，金融业放在第二位。但对于深圳的战略性新兴产业来说，其中包括了生物、互联网、新能源、新材料、文化创意、新一代信息技术和节能环保等七大新兴产业，而事实上这七大新兴产业内部又细分很多产业，可以说是一个包罗万象的概念。但由于科技发展和技术进步的差异，这七个产业未来显然会有很大的差异，其中到底哪几个能够真正发挥对经济社会的全局带动和重大引领作用，其实需要认真细致地选择、科学地挑选。金融业作为未来的深圳主导产业，实际上也存在一个发展方向的问题、服务对象的问题。同时，主导产业是需要培育的，既需要产业政策的配合、人才等方面政策的配套，也需要公共服务平台的建设，更要发挥好企业的作用，特别是要发挥好行业领军企业的带动作用。

五是实体经济的虚拟化问题。正如笔者前文所述，深圳产业升级最重要的特征就是加工贸易产业的发展和高新技术产业的崛起，尽管两者有所交叉重叠，但深圳产业结构的转型升级就是靠着这两个产业的不断提升，而这两个产业就是核心制造业。目前由于虚拟经济的高速发展，深圳的第三产业已经超越第二产业，这本来是产业机构高级化的象征。但是我们在对比深圳和我国香港地区、新加坡的产业升级时，专门论及三者之间的成功以及造成三个城市之间分化的最主要原因，就是制造业发展方面的不同，笔者也断言香港产业升级的症结在于制造业的空心化。1999 年笔者在深圳市科技局工作时，就在给市委、市政府的一份建议中提出，深圳要通过大力发展高新技术产业提升经济的竞争力，如果我们处理不好制造业的发展问题，香港的今天很可能就是深圳的明天，这一建议得到当时好几位领导的批示。目前看来这一提法更加迫切，因为香港产业升级的弊端已经充分显现，而深圳步其后尘的可能性不能确保可以排除，特别是两个城市房地产业和金融业的发展问题存在相似的一面，需要我们超前判断、超前应对，避免陷于香港式的陷阱。

总之，要正视未来产业升级中可能会出现的结构性问题，确保产业升级持续推进。对于认为可能会出现的发展中的矛盾和问题，深圳非常有必要动态调整产业发展战略，要紧紧把握住世界新一轮科技革命的可能趋势和影响，加大力度融入全球产业体系。要改变过分看重速度而不重视效益的观念，特别是要重视全要素劳动生产率的观念；要改变重视外延性投资而不够重视内涵性技术改造的观念，注重技术创新的同时，也要加强传统产业的升级改造，加快技术创新的扩散和渗透，全面提升产业的技术层次。通过加快经济体制改革、优化产业结构、大力发展高新技术产业、提高企业规模效益和经营管理水平等措施，努力实现经济增长方式的转变。

第四节　深圳进一步推进产业升级的几点思考

未来几年是我国全面建成小康社会的关键时期，也是我国深化改革的关键时期，作为改革开放前沿的深圳，在进一步推进改革开放中负有历史重任，只有坚定不移地推进结构性改革，才能完成好历史使命。深圳要建成现代化国际化创新型城市，离不开现代产业体系的支撑，离不开产业的高级化，因此要在产业升级中再次走出新路径、实现新跨越。

一　正视发展中存在的结构性问题，优化产业发展的政策环境和制度环境

尽管深圳的改革创新一直走在全国前列，但正如笔者在本章的第三节所讲的，深圳发展一样面临着结构性矛盾和问题。目前，深圳要大力推进结构性改革，因为结构性改革的任务是促进市场经济的规范化和法治化，提高经济增长的活力，同时兼顾公平和效率。实施经济结构改革，提高经济活动的效率和活力，完善产业升级的动力机制，是深圳改革创新中一项重大和持久的"工程"，涉及的内容方方面面，几乎覆盖了全部重要的经济领域。虽然改革涉及方方面面的领域，要解决的矛盾和问题也很多，但是改革的不同阶段有不同阶段的重点，因此我们必须抓住当前的重点才能实现有效突破。

笔者认为，行政体制改革应当成为深圳近期改革的核心内容，通过改革使政府的管理和服务适应市场经济的要求，更好地行使"监督者"的作用，也只有这样才能顺利推进体制改革和结构改革的实施。随着改革进入深水区，行政管理体制对经济改革和发展的影响正日益凸显。推动行政体制改革，是进一步完善社会主义市场经济体制的必然要求，行政体制改革的任务是继续倡导政府从诸多领域的退出，发挥市场在配置资源和经济运行中的决定性作用。当前行政体制改革的重点是管理制度改革、政府审批制度改革和政府经济监督管理体制改革三个方面。深圳应当利用自己良好的经济实力和先进的科技手段，率先实现政务电子化、政府工作"大数据化"，在所有重要审批环节都逐步推行标准化、公开化和透明化，大大提高政府的运作效率，减少权钱交易和"暗箱操作"的空间，清除腐败滋生的土壤。要细分每个部门所应管理和服务的内容和范围，对各个部门给予明确的功能和职责定位。要进一步提高政府工作的法制化、公开化和透明化，进一步发挥社会各界对政府工作的监督和支持。具体来说，要从以下几个方面着手。

一是进一步推进政府职能创新。推动政府职能创新，真正实现"小政府、大社会"，建立以市场化为基础的政府公共服务供给机制。在合理分解公共产品或公共服务业务的基础上，鼓励市民、社区居民、民营企业参与全市性或地区性公共产品或公共服务的供给，并通过签订绩效合同，监督政府行为模式。

二是合理配置行政管理权力。选择权力相对集中的政府部门作为改革的突破口，强调重大决策与立法实践相结合，增强行政决策过程的民主化，增加决策程序的透明度和开放度，重大问题和重大事项实行集体评议、民主决策制度；建立由不同专业学科组成的各类行政咨询系统以及政策反馈与评估机制，尽可能地建立或引入第三方决策机制，建立责权清晰、运转协调、廉洁高效的行政机构运行系统和组织结构，提高行政决策的科学化水平。

三是完善要素市场运行规则，加强市场监管。规范土地交易行为，深化土地制度改革，明确规定经营性土地一律公开招标和拍卖，严格协议用地审批条件，协议用地为经营性用地必须收回并公开招标拍卖。大力完善产权交易市场，规范产权交易行为，使国有、国有控股和集体资产的产权交易在规定场所公开交易，加强交易监控，避免国有资产流失。同时，积极培育以高新技术为重点的现代技术成果交易行为，完善产权交易范围，提升产权交易层次。探索包括无形交易、网络交易等高科技含量的现代产权交易方式。积极推进社会中介组织改革，规范中介机构服务市场，完善中介机构行为。不断增强行业协会、商会、同业公会等行业组织的行业管理职能，同时，规范和完善人才中介、职业中介、信息咨询、经纪代理机构等咨询服务组织。

四是发挥前海、蛇口自由贸易试验区的示范作用，参照包括 WTO 规则在内的国际标准，加大力度实行行政审批制度改革，建立适合深圳特点的负面清单制度。在过去几年大幅减少审批事项和核准事项的基础上，参照相关国际惯例，全面清理政府各部门制定的各类规范性文件，进一步放宽政府审批权力，使政府部门从繁忙的审批业务中解脱出来，真正转到宏观调控、行业管理、市场监管和公共服务上来。对保留下来的审批和核准事项要依法进行规范，优化审批程序和审批规则，严格规定审批内容和审批条件，限定审批时限和审批环节，完善政府审批管理方法，不断提高政府行政效率。实行联合审批制度、定期会签制度，减少重复审批现象，提高审批效率。实行办事公开化，增强政府审批透明度，加强社会监督。建立适合深圳特点的市场准入负面清单制度，明确政府发挥作用的职责边界，进一步收缩和规范政府审批范围、创新政府监管方式，提高各级部门特别是综合经济管理部门和各个行政区的行政管理效率和效能，提升政府运用法治思维和法治方式加强市场监管的能力。

五是提高市场经济活力，降低综合营商成本。提高市场经济的活力，是进一步完善社会主义市场经济体制主要目的之一。对于一个城市而言，提高市场经济活力的源泉之一就是要降低营商成本，包括降低硬成本和软成本两个方面。在硬成本方面，深圳最突出的问题是土地成本过高，这主要是受到城市空间和土地开发政策的制约。受深圳市现有可开发面积的局限，降低硬成本主要应立足于改革现有的土地开发政策。在软成本方面，深圳行政成本的增长速度也较快，且近年来有逐步提高的趋势，深圳必须抑制行政成本过快增长的趋势。要加强信用体系建设，规范中介组织行为，诚信是关系到深圳投资发展环境的重要因素，是维系和推动深圳经济、社会健康发展的重要一环，是深圳的重要品格的综合反映。目前普遍存在着社会信用秩序混乱、缺乏市场经济所要求的信用文化环境、企业内部普遍缺乏基本的信用风险控制和管理制度、失信成本过低等现象。要充分利用各部门的优势，建立行业之间、企业之间的监督制约机制。与信用体系建设紧密相关的一个内容是中介组织行为的规范，一方面加强行业自律和规范化管理，保障其法律责任的实际履行；另一方面就是要加强对市场中介组织的监管。

二　在"一带一路"战略中找准定位，拓展产业发展空间

扩大开放是深圳产业升级的有效途径，未来深圳在扩大开放上要依靠"一带一路"战略的实施，面向"一带一路"国家配置产业资源，拓展产业发展新空间，增强产业辐射带动作用。主要是加快特区内外一体化进程，统筹全市产业布局，推进深港合作和珠江三角洲区域经济一体化，面向全国增强辐射力，面向世界加快国际化，大力拓展产业发展新空间。

一是统筹特区内外产业布局。进一步加快特区内外一体化进程，促进特区内外产业协调发展，根据各区已经形成的产业特点和区域资源禀赋，优化全市产业格局，实现产业链垂直分工和水平分工结构合理、定位明确、配合协作和集群化为特征的市域产业布局。根据目前发展现状，重新规划建设高新技术产业的空间布局，在产业选择上大力发展计算机与通信、软件、集成电路、生物医药与医疗器械、平板显示、化合物半导体、新材料、新能源、大型先进装备制造业、生态高新技术农业等十大产业，做大做强园区经济，完善产业带科研开发、人才培养教

育、科技成果孵化、留学生创业、出口加工等五大功能,全力推进高技术产业基地和先进制造业基地建设,形成具备大规模生产能力和高水平研发能力的核心区域。

二是加速融入珠江三角洲区域经济一体化。按照政府推动、市场主导,资源共享、优势互补,平等协商、共同推进,协调发展、互惠共赢的原则,创新合作机制,优化资源配置,加快珠江三角洲区域经济一体化进程。

首先,要大力推进东进战略,把推进深莞惠三市紧密合作放在更重要的位置。根据《珠江三角洲地区改革发展规划纲要(2008—2020年)》确定的区域总体发展目标,在积极推进珠江三角洲区域经济一体化的总体框架下,打破行政体制障碍,创新合作机制,促进要素合理流动,优化资源配置,重点加强深莞惠三市在区域发展规划、产业发展、区域创新、基础设施建设、环境治理、生态保护、社会公共事务管理等方面的紧密合作,全面提高区域整体竞争力和辐射带动力。推进产业协作,根据三市的资源禀赋和产业结构及发展定位,逐步在三市之间形成生产要素合理流动、资源优化配置、产业协调发展的新格局,建设全球电子信息产业基地、世界先进水平的特大型石油化工基地;培育和壮大新能源、新材料、环保、海洋、精细化工、生物等产业,形成区域经济新的增长点。鼓励三市企业在高新技术产业、先进制造业、优势传统产业以及金融、商务会展、物流、科技服务、信息服务、文化创意、旅游等现代服务业领域开展合作,协调产业调整和转移政策,推进产业结构优化升级,构建区域服务和创新中心。

其次,完善业已存在的珠江三角洲区域合作机制,加大产业领域的合作力度。以科学发展观为统领,以体制机制创新为动力,以交通一体化为先导,建立与珠江三角洲地区各城市的多种形式合作机制,与珠江三角洲各城市联手推进基础设施、产业发展、环保生态、城市规划、公共服务一体化,实现珠三角协调、有序、可持续发展。积极稳妥地推进规划统筹协调,构建错位发展、互补互促的区域产业发展格局,推进产业协同发展。围绕珠三角优势产业链和共性技术开展联合攻关,形成珠三角产业协作和战略联盟,促进要素集聚和集约化发展,提升综合竞争力。

再次，积极融入"泛珠三角"区域合作，扩大深圳产业的辐射带动圈。立足于泛珠三角区域宽领域、深层次的合作与发展，坚持优势互补、务实互利、开放互动的原则，推动和形成以项目带动合作、以合作促进发展的良好合作机制和共同发展模式。鼓励和支持深圳有实力的企业开展产业项目合作，扶持深圳市大型零售连锁企业在泛珠区域开设分店，推动签约项目的落实。以国家生物医药基地为契机，促进区域内生物医药和医疗器械产业合作。建立泛珠三角区域高科技农业基地，建立农产品相互认证制度。利用深交所开设的中小企业板和将要开放的创业板，促进泛珠三角区域中小企业和创业投资机构发展。

三是加强与国内其他地区的产业发展合作，拓宽产业合作发展新领域。全面落实国家统筹区域协调发展战略，充分发挥经济中心城市的辐射带动作用，为国家发展和区域协调发展做出新贡献，同时以服务全国和加强产业合作创造深圳产业发展的新空间。加强与长江三角洲、京津冀两大经济圈的产业发展合作。鼓励和支持双方优势企业开展各种形式的跨区域合作，促进两地产业结构优化升级。积极参与和推动商品贸易、服务贸易和贸易投资便利化，加快促进和形成一体化的商贸体系，在优势互补的基础上激发区域内的潜在消费需求与生产供给。充分利用深圳证券交易所和上海证券交易所两个融资平台，加强两地金融资本市场的合作交流，建立自由互通的区域资本市场。建立共享的资源库，实现两地人力资源、信息资源、资本资源等资源共享，以及两地人流、物流、资金流、信息流流动的畅通。通过与长江三角洲、京津冀经济圈等经济较发达地区的合作，实现强强联合，提升产业发展水平。

此外，要增强深圳产业对全国的辐射带动能力。强化全国经济中心城市和国家创新型城市的地位，积极参与西部大开发、振兴东北老工业基地和中部崛起战略的实施，进一步拓宽与国内产业合作领域，推进基础设施、技术研发、物流贸易、金融市场、资源能源和民生服务等领域的合作。鼓励和引导传统产业向内地转移，积极发展深圳异地工业园。积极推动与内地商品贸易、服务贸易和贸易投资，开拓国内市场，发挥窗口作用。充分发挥深圳和香港两个证券交易所的互补作用，南联香港，北依内地，探索和推动形成"香港—深圳—内地"互动的资本运营市场。大力发展总部经济，延伸产业和价值链条，增强深圳对内地的带动力和辐射作用。形成优势互补、务实互利和开放互动的总部经济外联发展态势，全面打造适合深圳产业发展特色的经济腹地。

四是加强与港澳台的产业合作。以"一国两制"为基本原则，以CEPA合作机制和深港"1+6"合作协议及深澳合作协议为基本框架，将与香港、澳门的协调与合作关系提高到战略合作城市的高度，提升对台贸易合作水平。

要特别重视与香港的全方位合作，构建"深港都市圈"。积极推动深港在港口机场、口岸建设、环境保护等领域的交流与合作，共同构建"深港都市圈"；与香港共同规划实施环珠江口地区的"湾区"重点行动计划，协调推动编制落马洲河套地区、莲塘/香园围口岸以及深圳前后海紧密合作区域合作规划；加快深圳前后海跨境合作区建设，借助香港在世界上的知名度和成熟的招商引资经验，开展两地在海外的联合招商。深化深港服务业合作，促进深港两地产业发展的互利双赢，主动承接香港现代服务业的带动辐射和转移，全面推进前海深港现代服务业合作示范区建设；落实好CEPA协议的各项措施，推动现代服务业协作共赢；促进深港金融业的融合，充分发挥深港两地金融合作优势；互相开放中介服务市场，深化商贸服务业合作；加强会展业发展合作；加大开展银行、证券、保险、评估、会计、法律、教育、医疗等领域从业资格互认力度，为服务业合作创造条件。加强与香港出版、影视、工艺、服装设计等文化创意产业的合作与交流，吸引香港的金融业、会计审计、法律服务、管理咨询、市场营销等中介行业以及教育、医疗等领域机构来深圳投资合作；推进两地旅游业合作制度建设，开放旅游中介市场，统一规划开发旅游资源并合力进行推广，加强两地旅游信息共享系统建设，加强旅游管理机构合作协调。要充分发挥深圳高科技产业优势，借助香港创新与科技局、香港科技园区成立的有利时机，推动"深港创新圈"建设。充分利用深港两地创新资源和优势，坚持上下游错位发展，以信息技术、生物制药、新材料技术、海洋技术等高技术产业为重点，在研发、制造、服务、营销等环节合理分工，在两地建立紧密联系的技术创新体系。协调两地高科技产业布局，建设深港两地创新资源互动、产业链紧密合作的跨城市、高聚集、高密度的产业聚集带。

此外，要拓展与澳门、台湾产业合作的新渠道。依托深圳现有台资企业，进一步扩大对台经贸合作，拓展合作领域。支持建立多种交流机制，加大协会、商会等民间交流力度，鼓励开展经贸洽谈、合作论坛和商务考察。加强与台湾在经贸、高新技术、先进制造、现代农业、旅游、科技创新、教育、医疗、社保、文化等领域合作。大力吸引高素质台湾企业来深投资、扩大投资规模，加大与台湾经贸交流。继续推进深圳与澳门签署的关于金融、经贸、文化、旅游、家禽检疫领域的多项合作协议及备忘录。

五是提升利用全球产业资源水平，在"一带一路"战略中发挥好深圳的作用。进一步发挥经济特区的"窗口"作用，大力推进对外开放，全面加强与世界主要经济体的经贸关系，积极主动参与国际分工和全球产业资源配置，率先建立全方位、多层次、宽领域、高水平的开放型产业发展格局。

首先，要提高利用外资水平。推动利用外资从外延的简单扩张转向内涵的深化拓展，鼓励现有外资企业开展产业升级和高端延展。抓住应对金融危机和承接新一轮国际产业转移的契机，结合全市经济发展和产业结构调整要求，加大招商引资工作力度，拓展外资来源。调整利用外资领域，在巩固和推动外商投资高新技术产业和物流业等优势产业的基础上，引导外资流向能源、交通、环保、旅游等重点发展产业，促进外资参与金融、物流、商贸和商务服务等现代服务业。实施总部经济策略，吸引跨国公司来深设立投资性公司（地区总部）、研发中心、采购中心和生产基地。促进国外商务服务机构、科研及技术服务机构来深投资。继续扩大城市公用事业领域对外开放，积极开展教育、医疗、文化等领域中外合资、合作试点。积极引导和鼓励海外优秀人才前来创业、投资。实现利用外资以资金为主提升到以先进技术、管理经验和高素质人才为主，从以制造业为主向制造业与服务业并重转变，提升利用全球产业资源配置水平。

其次，加快实施"走出去"战略，下大力气在相关国家和地区推广深圳的"产业园区模式"。鼓励有条件的企业在国外建立生产基地、营销中心、研发机构和经贸合作区，开展境外资源合作开发、国际劳务合作、国际工程承包。购并国外掌握关键技术的中小企业、研发机构和营销网络，积极参与东盟自由贸易区的合作，多元化开拓国际市场，加快培育本地成长起来的跨国公司。鼓励有实力的企业到境外建立生产基地，开展境外加工贸易，带动国内商品、技术、原材料和零部件出口。完善支持企业"走出去"的总体协调机制，在资金筹措、外汇审核、人员进出、货物通关、检验检疫、项目管理等方面建立便捷高效的境内支撑体系，在领事保护、风险防范、信息沟通、政府协调等方面建立境外服务体系。通过"走出去"提高全球资源的利用水平，实现产业链向全球的延展，全面提升产业发展的国际化水平，以产业国际化引领深圳国际化城市建设。

三　培育好未来的主导产业，不断探寻产业升级的新途径、新政策、新举措

对于深圳来说，未来产业升级的核心还是在于主导产业的选择与培育。深圳在主导产业的选择与培育上，要特别注意借鉴新加坡和我国香港地区正反两方面的经验和教训，深圳实际上目前就站在这个关键节点上，也就是说，未来主导产业的选择，实际上决定了深圳是往新加坡产业升级的方向走，还是往我国香港地区产业升级的方向走。笔者认为，深圳要加大发展第二产业的力度，建立起强大的现代制造业体系，重点发展好战略性新兴产业，同时发展现代服务业，通过"互联网+"、"智能化+"和"绿色生态化+"，提升包括加工贸易产业和传统优势产业在内的所有产业的技术水平。

（一）科学选择下一代主导产业，完善主导产业发展环境

首先，在产业的选择原则上，必须立足现有产业。深圳在选择未来一段时间的主导产业时，应该促进产业多元化发展，推动虚拟经济和实体经济互动结合，构建产业结构的层次性，形成自己产业发展新生态。正如笔者前文所述，任何一个城市或者地区都必须利用自身的资源禀赋来发展自己的产业，绝不可能凭空发展一个新产业。未来深圳产业升级的根本目标是要向高端产业链延伸，防止产业空心化。因此，深圳未来的主导产业，应该立足于现有产业，不能再像以前那样实现跨越式产业升级。

其次，在具体的产业选择上，必须有所侧重。笔者认为，深圳未来的主导产业必须是以制造业为主体的一个产业群，目前的战略性新兴产

业（高新技术产业）也不能全部列入主导产业，而是其中的一部分产业作为未来的主导产业，归纳起来还是只有电子信息产业、生物医药产业、新能源产业（新能源汽车和移动能源）和文化产业这四个可以作为未来的支柱产业。另外，现代服务业方面只有现代金融业可以列入未来的支柱产业之中，未来房地产业和物流业的作用肯定会下降，继续充当支柱产业很显然是存在问题的。相反深圳未来要把传统优势产业作为支柱产业来发展，因为传统优势产业在智能化、低碳绿色化的牵引下会焕发出巨大发展潜力。

笔者认为，深圳下一步要培育好以下几个产业。

一是发展高新技术中的优势产业，巩固高新技术主导产业。不管是深圳提出的高新技术产业中的六大产业，还是战略性新兴产业中的七大产业，其实其中的产业内部分化很明显，比如说新材料产业，深圳从1995 年开始就大力扶持，而且投入不少财政资金，但这么多年过去了，目前为止就是在高新技术产业内部都起不到支柱作用，就更谈不上深圳总体产业上的支柱作用了。因此，在今后一段时期内，深圳还是应该加快电子信息产业、新能源产业、生物医药产业的优化升级步伐，并拓展先进制造业的前沿领域，全力打造高技术产业基地。

二是加快加工贸易企业转移升级进程。正如前文所述，迄今为止深圳的产业升级主线，就是加工贸易产业和高新技术产业的互动发展，离开加工贸易产业去谈深圳的产业升级很显然是准确的。深圳仍然要重视加工贸易产业的发展，制订加工贸易转型的规划和方案，加快促进加工贸易企业实现从 OEM 到 ODM、OBM 转型，对于不愿意转型而又不符合深圳产业方向的企业要采取果断措施进行淘汰，腾出空间为优质企业让路。

三是大力发展现代服务业，以高端服务业为重点，大力发展现代金融、现代物流、现代商贸、科技服务、商务会展、服务外包、文化创意、信息服务、专门专业、总部经济等现代服务业。要借助前海自贸区平台，打造深圳现代服务业升级版。

限于篇幅，笔者在本节的最后只着重探讨科技和科技产业的发展问题。

（二）优化主导产业发展路径，完善主导产业发展环境

培育好主导产业是深圳未来产业升级的最重要途径，我们要在学习

借鉴的基础上，紧紧抓住未来产业发展方向，推动产业不断高级化。

一是强化高新技术产业的主导产业地位，进一步推进科技体制改革，加大科技基础设施建设。今后要进一步加强基础创新能力建设，探索上述科技基础设施的运行方式和管理方式，最大限度地发挥科技基础设施的作用。探索组建深圳产业创新研究院，尽快启动能源、材料、精密仪器、生物医学、自动化等五个研究所建设，加大产业技术创新研究。加快深圳先进技术研究院发展，以信息技术为基础，推进先进制造业共性关键技术研究开发。在深圳华大基因研究院的基础上，建立全市的基因组科学工程技术体系，构建测序和信息学分析中心、基因组科学数据中心、医学新产业研发中心，不断强化南方手机检测中心功能。推进高新区、大学城片区重点实验室群建设，加快虚拟大学园重点实验室平台大楼等一批基础设施建设，吸引国内外院校的重点实验室、研发中心进驻。

此外，政府要加快技术创新平台建设。依托深圳先进技术研究院，组建国家超级计算深圳中心，以高性能计算为支撑，为华南地区产业发展提供支持服务。加快产业集聚基地公共技术平台建设，构建覆盖全市优势传统产业的平台体系。提升集成电路和软件、新一代移动通信、下一代互联网、数字音视频、先进计算、生物医药、医疗器械、卫星产业、新材料等领域的工程研发能力，全力推进平板显示、数字音频、电子信息产品标准化、移动通信系统技术等国家工程实验室落户深圳。组建深圳国家高技术产业创新中心、深圳市工业产品检测中心，为企业和科研机构提供测试、校准、认证检验和技术咨询服务。搭建深圳创新资源平台，实现创新信息资源和政务信息资源的全面共享。要重视标准化体系建设。实施标准化战略，全面推进国家高新技术产业标准化示范区建设，加快深圳标准信息馆的建设，建立深圳市标准孵化工程中心，搭建全市标准化服务平台，为技术标准及联盟标准研制提供孵化服务。引导企业高度重视标准化工作，培育一批能将自主知识产权与技术标准有机结合的骨干企业，鼓励有条件的企业形成事实标准，推动行业技术标准联盟，抢占产业制高点。积极扶持引进国际标准组织和国际论坛，争取有更多的 TC/SC 秘书处落户深圳。争取到 2015 年，有五个以上国际标准组织和国际论坛落户深圳，努力将深圳打造成国际标准组织和国际论坛高地。

二是把提升产业的智能化水平摆在应有高度。西方发达国家从 20 世纪中叶开始兴起的信息化浪潮，是建立在高度的工业化基础上的，是工业化和科技进步到一定程度的结果。例如，美国目前以重振制造业和大力发展实体经济为核心的"再工业化"战略，是通过现代信息技术与制造业融合、制造与服务的融合来提升复杂产品的制造能力以及制造业快速满足消费者个性化需求的能力，这种制造业信息化与服务化的趋势使得制造业重新获得竞争优势。当然，信息化的发展也会改造和促进工业化，这也是两化深度融合的题中之义。即无论是信息化带动工业化，还是工业化促进信息化，工业化都是现阶段中国制造业转型升级的根基。"弯道超车"或经济跨越式发展并不意味着可以直接跨越工业化阶段，而是在地域、行业发展极不平衡、多样化和多层次化的情况下，如何协调好工业化与信息化两者之间的发展关系。推进智能制造是我国制造业发展、推进两化融合的主攻方向，但现在我国的基本现状离智能制造还很远；智能制造不是一蹴而就，要一步一步打好基础，循序渐进。我们知道工业 2.0 是电气时代，工业 3.0 是自动化时代，工业 4.0 是智能化时代，三个时代实际上在我们的产业体系中是共存的、相互融合的，因此对深圳来说三个方面都要关注，当然不同的产业关注的内容和重点不同，但总体上说工业 2.0 是补课、工业 3.0 是普及、工业 4.0 是示范。由于深圳不同行业、不同企业之间发展水平参差不齐，所以深圳智能制造发展的思路必须是工业 2.0、工业 3.0、工业 4.0 齐头并进。

三是要重视信息化建设。建设下一代互联网信息基础设施，提升城市网络信息服务能力。开展先进适用技术推广计划，大力扶持高新技术产业、先进制造业和优势传统产业的信息化改造与应用，在生产和服务的各个环节提高自动化、智能化和现代化管理水平。在电子政务、电子商务、数字内容、软件与系统集成、信息应用、电信与广电增值服务等领域，培育互联网信息服务的新业态，支持腾讯、迅雷、芒果网、网域（中国游戏中心）等一批重量级的领军企业发展和门户网站建设。充分挖掘利用各种信息资源，加强对高耗能、高污染行业的监督管理，促进节能减排、控制污染、保护环境。此外，要鼓励企业通过持续的技术创新、质量管理、市场推广、售后服务等树立良好的品牌形象，加强品牌经营。在高端服务、高新技术、先进制造和城市文化领域着力培育一批著名品牌和龙头企业，鼓励境外商标注册，打造国际品牌。通过制订年度名牌建设和推进计划，建立名牌企业数据库，注册推广名牌产品，打造深圳品牌产业群。

四是推进绿色发展、低碳发展。推进产业生态化改造，逐步建立起以减量化、再利用、资源化为特征，集清洁企业、循环生态工业园区和节约型城市于一身的循环经济体系和节约型社会，努力建设全国循环经济试点城市。构建生态化产业体系，加快推进国家循环经济试点城市建设，实施能源资源节约、资源综合利用等循环经济工程。制定重点行业清洁生产技术指引，推进产业园区、集聚基地及上下游企业的清洁生产示范项目。推进清洁生产示范企业工程，通过电子、能源、生物医药、印染和化工等行业清洁生产示范企业的示范性，制定行业清洁生产工作指南，推广具有行业共性的清洁生产关键技术，确定一定数量的企业进行废水"零排放"示范。推动产业链关联企业之间构建"物流和能量流"的闭环流动模式，促进产业之间和产业内部产业生态不断完善。

要节约利用资源，推动资源利用方式的根本转变。深圳在资源利用方面已经取得了一定的成绩，尤其是化石能源消耗强度逐步下降，可再生能源利用率逐步提高，产业结构不断调整。在此基础上，深圳要大力发展低碳新能源经济，提高能源使用效率，要对传统工业园区进行改造，用循环经济理念改造传统工业园区，提高土地资源效率。把海洋资源开发和保护作为深圳的重头戏，大力发展海洋经济，建设海洋强市。加大自然生态系统和环境保护力度，深圳对于生态系统恢复做了大量的工作，很早就制定了红线作为生态控制线，加大了河流的治理和生态恢复，绿道建设也取得了可观的进展，生物多样性得到了一定的保护。以后要更加重视解决损害群众健康的突出的环境问题，强化解决水、大气和土壤等污染防治，尤其要加强对汽车尾气的控制，降低深圳的碳排放量。

加强绿色低碳发展的制度建设。深圳一直在探索生态文明制度建设，已经取得了巨大成就。下一步重点要加强对碳交易制度的探索，做好碳交易制度的设计，推动碳交易市场建设，把深圳碳交易市场建设成为以深莞惠为主体，覆盖香港，延续到中国东南沿海和内地部分城市的全国性碳交易市场。同时，要建立体现生态文明的目标体系、考核办法和奖惩机制。要重视和发现生态价值，建立促进生态保护的生态补偿和激励制度。加强环境监管，建立和健全生态环境保护的责任追究制度和环境损害赔偿制度。由此促进深圳新的发展方式的形成。

五是提升产业服务水平。进一步强化产业化优势，促进创新资本和创新产业良性互动，为产业发展提供良好服务环境。加快交易平台建设。积极推动创业板市场建设，探索建立非上市公司的柜台交易市场，建设高新技术企业股份转让代办系统，推动具备条件的高新技术企业进行股份转让。支持深圳市产权交易中心、高新技术产业交易所、中国（华南）国际技术产权交易中心发展，建立区域性产权交易市场体系。建设知识产权交易中心，完善创新成果交易制度。提升投资服务平台建设，设立深圳创业投资政府引导基金，实施创业投资企业发债工程。结合总部基地规划，加快创业投资大厦、私募基金大厦建设，促进创业投资发展。设立高端服务业发展引导资金，重点扶持创新金融、网络信息、服务外包、创意设计等领域的项目。鼓励金融机构加大对创新企业的服务力度，探索建立信保贷联动机制，搭建专门服务于中小型创新企业的贷款担保平台。

六是推动深圳城市转型。产业转型需要城市转型。随着产业转型的快速发展，深圳城市已经成为产业发展的瓶颈。深圳与国外许多大中城市一样，面临着城市转型的问题，甚至比一般大城市更紧迫。从世界城市转型的案例可以看出，每个城市都会依据自己的个性选择转型的道路，但是众多城市成功或失败的经验同样也隐含着城市转型的普遍规律。从中我们找出对于深圳有意义的城市转型轨迹，促进深圳成功转型。推进城市空间再造，加快建设现代化、国际化城市，深圳空间结构要按照世界国际化城市的样板实现转型。

（三）多渠道、多途径提升科技产业的持续发展能力

目前新一轮的全球科技革命正在孕育之中，第四次工业革命带来了巨大的挑战与机遇，西方发达国家在应对眼前危机的同时，都已在国家战略层面加紧部署科技战略，一方面在研究和探索未来发展的重点战略领域，另一方面也积极构建和调整合理、高效的科研组织形式。对深圳来说，当前的科技创新已从"跟跑、并跑、领跑"并行的阶段，向

"领跑为主、并跑为辅"的新阶段转换。从世界科技产业发展的历史和现状看，这种转换难度是非常大的，迄今为止世界上成功实现这种转换的只有以色列、爱尔兰等几个屈指可数的案例，而且成功者都在发达国家和地区，发展中国家目前还没有真正意义上的成功者。因此，下一步深圳要实现这种转变，必须花大力气推进核心技术和重点领域的创新，对未来发展领域要超前布局，并且在科研组织体系上进行相应的布局调整。主要抓好如下几个方面。

一是解决好"谁兴科教"、"如何兴科教"的问题。应该说这是一个非常原则也直接关系到未来科技发展模式的问题，也是一个一直没有解决也一直没有得到应有重视的问题，更是深圳高新技术产业发展面临的最重要结构性问题。这个问题解决得好，深圳未来的高新技术产业可能发展得很好，也可能发展得不尽如人意，但这个问题解决得不好未来深圳高新技术产业的发展一定会陷于困境。笔者90年代末在深圳市科技局工作时就提出了这个问题，也引起了有关方面的关注，但始终没有得到很好的重视，更是没有好好加以解决。这中间的主要原因是1995年以来深圳高新技术产业飞速发展，"中国硅谷"的名声已经名扬四海，因此一如前文论述的结构性问题总是为当前繁荣所掩盖一样，深圳高新技术产业发展中的这个结构性问题目前仍然隐藏在背后。

"谁兴科教"、"如何兴科教"问题的实质是科技发展模式问题。目前的当务之急，是要转变本地高等教育发展方式，提升高等教育发展水平，正如笔者2001年提的建议，要特别重视工科类专业的设置、培育，要彻底改革目前的教学大纲，根据主导产业的需求发展一批重点学科。深圳的各类院校也要转变观念，地方高校就是要当好本地产业的"发动机"，要服务主导产业，提供主导产业所需的人才、智力支撑，为本地企业摆脱"技术锁定"提供技术解决方案，等等。

二是把创新驱动发展战略引向深入。深圳要实现"跟跑、并跑"到"领跑"转换，只有自主创新才能实现，因此要着力推进自主创新，形成多主体、多层次、开放互动的创新机制和环境，提高技术创新与成果转化能力。

首先，要搞清楚深圳科技和产业发展方面存在的主要问题。随着深圳高新技术产业的不断壮大，不少深层次的矛盾问题和制约因素逐步凸显出来。主要表现在：第一，知识生产能力低下，知识基础设施难以满足科学技术和高新技术产业发展的需要。深圳的知识生产机构十分缺乏，支撑高新技术产业持续发展的基础研究能力相当欠缺，科技成果的供给能力弱小。第二，制度支撑和政策引导存在缺口，制度创新的潜力没能充分激活。深圳科技体制创新一直走在全国的前列，但从更高的目标以及科技与高新技术产业发展的问题看，深圳鼓励科技创新的制度机制和政策体系尚不配套、不健全，往往只是侧重于某项单一制度，缺乏长远的制度创新计划，科技创新活动所需的制度保证，制度基础建设还留有缺口。第三，科技发展与经济发展仍然存在脱节。尽管深圳在全国率先探索出一条科技与经济紧密结合的新路子，科技的发展与经济的发展比较协调，但整体发展上还存在脱节现象，主要表现在科技投入与资本投入的脱节，科技系统与经济系统的脱节，科技政策与产业政策的脱节，市场在配置知识资源方面的作用没有得到充分发挥。科技创新系统界面之间联系不够紧密，企业尤其是民科企业缺乏与公共研究机构的密切联系和交流，公共知识还不能流畅地传输和获取，传统产业的技术升级、转型和摆脱原有的技术范式的"锁定"，缺乏产业外科技力量的有力支撑。还有就是参与国际分工和国际竞争的能力不足，创新体系和机制还没有真正建立起来，尚未形成能够跟上世界科技革命步伐、在若干领域抢占制高点的竞争优势。

其次，要针对深圳的发展现状和存在问题，找出破解的路径。从总体上说，深圳下一步要抓住以下几个重点：一要紧紧把握世界高新技术产业发展前沿，研究国际和全国在高新技术产业方面的新动向，不断开拓高新技术产业发展的新领域。二要进一步完善深圳的区域创新体系，加快建立以市场为导向、以企业为主体、产学研相结合、具有深圳特色的高新科技进步和创新体系；着力增强核心技术和重要应用技术的创新能力，大力扶持拥有自主知识产权的高新技术企业，加快高新技术产业结构调整，巩固和壮大高新技术优势产业群，加强支柱产业的建设，并以高新技术产业的发展带动整个深圳产业结构的优化升级，基本形成以知识经济为基础的产业体系；充分发挥政府主管部门在高新技术产业发展中的调控、规划、协调、引导作用，加大科技投入，优化资源配置，完善有利于高新技术产业发展的政策体系；加强中介服务体系建设，建立和健全科技要素市场的建设，完善高新技术成果交易市场，逐步建立和完善风险投资机制，完善产业配套环境、人文环境和生活环境；坚持培养和引进并重的人才战略，构建有利于深圳高新技术产业发展的人才体系，建设有深圳特色的高等教育体系，为高新技术产业提供有效的人才和技术支持。三要提高产业的自我发展能力。努力增大具有自主知识产权的高新技术产品的占有量，切实增强深圳高新技术产业的自主创新能力；进一步加快对外开放的步伐，加强深港高新技术产业和高新科技研发的合作，鼓励高新技术企业参与国际竞争，扶持骨干企业发展成为高新技术跨国公司，提高深圳高新技术产业的国际竞争能力；积极推动高新技术向传统产业扩散和渗透，推进深圳信息化、数字化建设，增强高新技术产业对社会进步的引导力。

三是完善科技和产业发展的体制机制环境。以科技体制改革为突破口，完善科技产业发展的体制机制，要从以下几个方面着手。

第一，建设有深圳特色的区域创新体系。建设区域创新体系是特定地区通过创新实现持续发展的必然选择，特定区域建立自己有特色的创新平台将是该地区未来经济发展中最有价值的资产。为此，一要优化配置现有的 R&D 资源，充分利用深圳 R&D 资源市场化程度日益提高的优势，继续利用市场机制引导 R&D 资源的流向、R&D 资源的重新组合，使 R&D 资源的存量调整和增量调整达到最优。完善高新技术产业的技术创新链，改变科技成果转化为现实生产力方面存在的不足，努力开辟一条便捷有效的高新技术产业化通道，完善被分割的创新网络和创新链。二要加大科技基础设施的建设力度，建立起社会化的知识网络和系统。完善以企业为主体的创新体系，建立大学和企业产学研相结合的核心研发机构，提高拥有自主知识产权的高新技术的储备、开发能力，跟踪世界高新技术发展前沿，抢占科技高峰，力争做到生产一代、储备一代、研发一代，实现高新技术的持续发展。进一步加强深圳本地高等学校、引进国内外著名高等学校的高新科技研发能力建设，建设好根植深圳的高新技术产业发展技术源，积极扶持它们与企业开展多种形式的产学研联合。在深圳大学和深圳大学城各院校重点支持组建一批以信息科学、生命科学、材料科学为主的重点实验室和工程技术开发中心，鼓励它们根据深圳高新技术产业发展需要，开展基础研究和应用基础研究，成为企业技术创新和进步的依托和后援；鼓励高等学校、科研机构的科技人员通过专职或兼职的形式创办高新技术企业或受聘于企业，进行高新技术及其产品的研究开发。现代科技的发展已使基础研究、应用研究和开发研究的界限越来越模糊，因此，不仅要逐年加大科技的投入，提高 R&D 经费在 GDP 中的比重，而且要从根本上改变深圳目前的基础研究现状，显著增加对基础研究的投入。

第二，全面推进体制创新，形成有利于科技成果转化的新机制。高新技术企业产权结构实现多元化，是建立适应市场经济发展的灵活机制的前提，是创造新的企业经营机制的载体。只有实现产权主体多元化，才能迅速地将科技成果转化为生产力，使技术创新成为企业的活力和效益的源泉，才能使高新技术产业迅速得到发展。因此，要继续大胆创新体制，在高新技术企业培育多元化的产权主体，特别是对目前正在蓬勃发展的民营科技企业，积极引导和帮助它们推进体制创新，实现产权主体的多元化，建立和不断完善企业的激励机制、竞争机制和监督约束机制。知识产权化是深圳适应高新技术产业特点和现代社会发展趋势的一个大胆探索，从各国科技创新的历程看，是先有了创新人才、创新品的雏形甚至是理念，然后才有大量的资金介入。资本围绕知识转，并与知识一起催生高科技产业。高科技企业的发展，一个关键的方面，就是承认并体现知识的价值。因此，进一步优化完善技术入股制度、科技人员持股经营制度、技术开发奖励制度等制度，形成与国际惯例接轨的、符合高科技产业特点的、以保护知识产权为核心的分配制度和经营管理制度，使技术和成果真正成为生产力要素，并在参与企业的经营和分配中获得其应有的价值。努力学习发达国家在高新技术产业方面的成功经验和做法，在高新技术企业实施知识管理，激活知识价值。深圳要加快原始创新进程，以企业、大学、研究机构的实验室或研究中心为主体，强化重大科技项目的攻关。

提升科技园区发展水平，建设孵化器和加速器。加大政府投入，建设科技企业专业孵化器，在办好生物孵化器、软件园、IC 设计基地等专业孵化器的基础上，推进留学生创业孵化器建设，重点研究发展下一代网络与通信、合成高分子材料、纳米材料、光电器件和材料、存储器件和材料、新兴能源与节能等主要技术领域的新兴产业专业孵化器。加快高新区软件和信息服务业、大工业区生物产业、光明新区光电子产业、招商局科技企业等四大加速器建设。促进软件、数字视听、新型平板显示、化合物半导体、生物医药、光机电一体化、新型储能材料、新能源等领域的创新型中小企业快速发展，培育新的经济增长点。

第三，推动市场现代化，创造一个既充满竞争又互利合作的环境。尽管深圳具有发展市场经济的先行优势，但与国外发达国家相比，在推动市场现代化方面还有很长的路要走。要致力于制定强有力的、前瞻性的竞争政策，特别是适应 WTO 体制的竞争政策，减少不必要的限制，对软件产业的发展尤其如此。进一步完善知识产权保护体系，鼓励知识的创造与流动，尽快建立起与国际接轨的知识产权体系，推动知识的生产、利用和转移，特别是要对软件发明提供更加有力的保护，以加快知识产权体系的现代化步伐。鼓励企业间的合作，尤其要鼓励企业开展研究开发方面的合作，力争形成一批技术联盟。对目前已经建立的工程技术研究开发中心和重点实验室要强化管理，使之成为共性技术和行业技术的创新中心，真正起到"公共技术供应源"的作用，在此基础上进一步发展成为能力链。鼓励企业群的形成，力争形成几个信息技术群、生物技术群和新材料技术群。支持企业间开展高水平的国际科技合作，扶持企业技术创新的国际化，培育国际科技合作基地，促进高新科技研究和产品开发的国际合作与交流。

第四，构建有利于创新驱动的人才优化新生态。深圳建设国家创新型城市，无论是原始创新、集成创新和引进消化吸收再创新的推进，还是强化企业自主创新的主体地位，都离不开人才的智力支撑。而目前深圳的人力资源状况确实难以支撑创新型城市目标，这决定深圳必然要把智力资源的培育和开发放在突出位置。进一步促进产业、资本和服务与创新人才的融合，使之形成互利共赢的共生机制，找到人才优化并主动推动自主创新的实现路径。深圳的高校和科研机构数量很少，更应该发挥企业的作用，让企业成为自主创新的主角，构筑"产业+人才"的创新生态。利用深圳创业板和风险投资，形成资本哺育知本，知本家成长后也变成资本家的新生态，通过资本和人才的有机结合大大提高自主创新体系的繁殖能力，构筑"资本+人才"的创新生态。要积极转变政府职能，提高对自主创新人才的主动服务意识，政府要主动提升教育服务意识，把高等教育尤其是发展研究型大学放到政府的重要日程上，对自主创新人才进行全方位服务，构筑"服务+人才"的创新生态。

第五，加强社会能力建设，加大技术引进和成果引进的力度。科技发展的历史和现代高科技产业的发展历程表明，高技术产业和以科学为基础的知识化产业，通常更多地需要从地区之外或国外获得技术。支撑一个地区经济成功的大部分知识都是从其他地方获得的。由于现代技术内涵成分的复杂性，技术的引进、消化、吸收和本地化需要更多机构和机制的支撑，要实现跨越式发展，就需要提高投资、教育、研究开发等能力，并做出涵盖面广泛的社会努力，来提高接纳外源技术的社会能力，包括对地区以外技术的使用模仿、对所吸收的技术进行消化的能力、对原有组织和制度进行调整以适应新技术发展的能力等。加强社会能力建设，就是增强深圳对引进技术的转移能力和吸收能力，就是提升深圳的内生性科学技术能力，以及高新技术成果转化为现实生产力的能力。坚持自主开发型创新与消化吸收型创新相结合的原则，高起点引进国内外技术，选定国内高校和科研机构正在研发的有市场前景的项目给予资助，并为其产业化提供有利条件，提前预购高新技术成果，吸引更多的科技成果在深圳实现产业化。

主要参考文献

1. Dieter Ernst, "Catching-Up, Crisis and Industrial Upgrading, Evolutionary Aspects of Technological Learning in Korea's Electronics Industry", *Asia Pacific Journal of Management*, 1998.

2. ［英］约翰·维克斯、乔治·亚罗:《私有化的经济学分析》, 廉晓红、矫静等译, 重庆出版社 2006 年版。

3. 陈少兵:《汽车工业技术创新规律研究》, 中国社会科学出版社 2016 年版。

4. ［美］加里·皮萨诺、威利·史:《制造繁荣——美国为什么需要制造业复兴》, 机械工业信息研究院战略与规划研究所译, 机械工业出版社 2014 年版。

5. 张骁儒主编:《深圳经济发展报告 (2015) 》, 社会科学文献出版社 2015 年版。

6. 张骁儒主编:《深圳经济发展报告 (2016) 》, 社会科学文献出版社 2016 年版。

7. ［瑞］R. 詹姆斯·布雷丁:《创新的国度》, 徐国柱、龚贻译, 中信出版社 2014 年版。

8.《费里德曼文萃》, 高榕等译, 北京经济学院出版社 1991 年版。

9. 王俊豪等:《现代产业经济学》, 浙江人民出版社 2007 年版

10. ［英］W. 阿瑟·刘易斯:《经济增长理论》, 梁小民译, 上海人民出版社 1994 年版。

11. ［美］沃尔特·亚当斯、詹姆斯·W. 布罗克:《美国产业结构》(第 10 版), 封建新、贾毓玲等译, 吴汉洪校, 中国人民大学出版社 2003 年版。

12. 隆国强:《全球化背景下的产业升级新战略——基于全球生产

价值链的分析》,《国际贸易》2007 年第 7 期。

13. 杨以文、郑江淮、黄永春:《传统产业升级与战略新兴产业发展——基于昆山制造企业的经验数据分析》,《财政科学》2012 年第 2 期。

14. 吴正锋、张杰、李碧研:《经济全球化背景下中国产业升级的路径》,《安徽工业大学学报》(社会科学版) 2012 年第 2 期。

15. 陈少兵:《转变贸易发展方式不应排斥加工贸易》,《南方日报》(理论版) 2005 年 12 月 14 日。

16. 胡燕:《深圳产业结构变动对经济增长影响的实证分析》,《价值工程》2005 年第 6 期。

17. 林凌:《深圳的工业发展与产业结构调整》,《开放导报》2004 年第 1 期。

18. 深圳市统计局、国家统计局深圳调查队编:《深圳统计年鉴 (2014)》,中国统计出版社 2014 年版。

19. 深圳市统计局、国家统计局深圳调查队编:《深圳统计年鉴 (2015)》,中国统计出版社 2015 年版。

20. [瑞] C. 埃德奎斯特詹、L. 赫曼:《全球化、创新变迁与创新政策——以欧洲和亚洲 10 个国家 (地区) 为例》,胡志坚、王海燕译,科学出版社 2012 年版。

后　记

当今世界仍处于工业化时代，美国等发达国家正在实施再工业化，因为工业生产能力和知识积累是关系一国经济长期发展的关键。"中国制造2025"战略、走新型工业化道路，对于我国从工业大国向强国转变意义重大。当前新常态下各种挑战和机遇交织、内外经济形势空前严峻复杂，转型升级之路容不得半点闪失，否则很可能重蹈某些新兴工业化国家的覆辙。正因为如此，产业转型升级成为一个热门研究课题，尤其是世界性金融危机的影响还在持续时，产业转型升级的研究就更加受到关注、受到重视。

但本书的写作并非是作者"赶时髦"，实际上是一个跨越了将近20年的研究历程的总结，也是我承担的10多项课题研究成果的提炼、深化和完善，也因此书中的很多内容引用了本人的学术论文、研究报告。1997年我博士研究生毕业分配到深圳市科学技术局工作，刚好碰到深圳为了推动产业升级开始实施"三个一批"战略，需要市科技局配套制定一个高新技术产业方面的"三个一批"战略，我有幸中途插队参加到研究团队，开始涉足深圳产业结构方面的研究。1998年立项的深圳软科学课题《大力发展高新技术产业，调整优化产业结构》，我成为了项目的第二负责人和研究主力，该课题提出了系列优化高新技术产业结构的政策建议，最后都得以实施，作为学者当时的兴奋之情真的是难以言表。再后来随着阅历的增加，自己作为研究课题负责人，陆陆续续开展了深圳物流产业、深圳第三产业、深圳加工贸易产业、战略性新兴产业方面的10多项课题研究，其间也发表了一系列的学术论文、研究报告。去年年底带领一个研究小组完成了一项战略性新兴产业方面的课题后，决心把自己这么多年在深圳产业转型升级方面的研究成果重新梳理、重新聚焦，在理论上进一步创新，本书就是这一研究的成果。

　　本书的写作，要感谢深圳社科院的各位同仁对我的支持，特别要感谢张骁儒院长的鼓励和鞭策，是他让我找不到放弃写作的理由！我要感谢王为理副院长、罗思、刘婉华、方映灵、成维斌、秦芹、陈敏、张岚等同志给予的帮助！我的亲人们对我的写作给予了很多鼓励和无私奉献，在此深表感谢！

　　由于本人学术水平有限，书中的很多观点都是一己之见，因而存在偏颇甚至是错误，疏漏之处也不少，恳请大家批评指正！

陈少兵

2016 年 12 月